保育士・看護師・介護福祉士が学ぶ社会福祉

監修　小宅　理沙
編著　中　　典子
　　　今井　慶宗

現代図書

はじめに

　「保育士の業務とは何ですか？」と聞かれた時、あなたはどのように答えるだろうか。また、「介護福祉士の業務は何ですか？」「介護福祉士と社会福祉領域との関係とはどのようなものですか？」あるいは、「社会福祉領域で活躍する看護師さんの仕事内容を知っていますか？」と聞かれた時、あなたは答えられるだろうか。

　たとえば、一番初めの問いに関しては、「保育士とは、子どもの保育をする職業です。」という答えが一般的かもしれない。確かに、児童福祉施設においては保育所で活躍することを見聞きすることが多いと思われる。しかし、その他の児童福祉施設である、乳児院や児童養護施設等もあり保育士の活躍の場は多様である。また、「保育所での仕事」一つを取り上げてみても、子どもの保育だけにとどまることはない。保育士の仕事内容に関しては、子どもの保育はもちろん、「子どもの保護者への支援」等が法律にて明文化されている。つまり、保育士の仕事一つを取り上げてみても、イメージのみが先行し、法律的位置づけについては明確に理解できている人は少ないと思われる。

　これは、看護師や介護福祉士に関しても同様のことがいえる。つまり、介護福祉士や看護師の職務内容は何となくイメージできていても、実際の職務内容や、特に、社会福祉領域では具体的にどのように活躍しているのかなどについて、明確に答えられる人は少ない。

　本書は、保育士や看護師、介護福祉士が『社会福祉』を学ぶ意味および実際に資格取得した後、社会福祉領域においてどのように活躍していけるのかを理解し、そのために必要となる専門的知識や技術、法律などについて習得していくことを目的として書き下ろしたものである。社会福祉の実践者は、個人を取り巻く生活環境および、社会全体の環境にも敏感である必要がある。また、グローバリゼーションが進展する中で、福祉国家は変化が求められている。

　専門職を目指す皆さん、国家資格取得を目指す皆さん、あるいはすでに専門家として活躍されている皆さんが、社会福祉の現場において単なる「イメージ」ではなく、きちんとした専門的な知識や技術を身に着けられることを切望する。また、国際比較の視点をもちながら勉強することにより、国際感覚を身につけてほしい。

　最後に、この本を分担執筆していただいた諸先生方をはじめ、編集の機会をつくって下さった、現代図書の溝上氏・池田氏にこの場を借りて厚く御礼申し上げる。

　令和元年9月15日

監　修
小宅　理沙

目　次

はじめに …………………………………………………………………………………… iii

序　章　社会福祉とは …………………………………………………………………… 1

第1章　私たちの生活と社会保障 －社会保障の体系と社会保険－ ………………… 3
　Ⅰ　社会保障とは ………………………………………………………………………… 3
　Ⅱ　社会保障の機能 ……………………………………………………………………… 4
　Ⅲ　社会保障の体系 ……………………………………………………………………… 4
　　1　社会保険の種類 …………………………………………………………………… 5
　　2　生活保護の種類 …………………………………………………………………… 6
　　3　社会手当 …………………………………………………………………………… 6
　　4　社会福祉 …………………………………………………………………………… 7
　Ⅳ　社会保障の財源 ……………………………………………………………………… 7
　Ⅴ　社会保障の沿革 ……………………………………………………………………… 9
　　1　イギリスの社会保障の沿革 ……………………………………………………… 9
　　2　社会福祉調査法 …………………………………………………………………… 10
　　3　ベヴァリッジ報告 ………………………………………………………………… 11
　　4　ドイツの社会保険制度の導入 …………………………………………………… 11
　　5　わが国の社会保障の沿革 ………………………………………………………… 11
　Ⅵ　社会保障の課題 ……………………………………………………………………… 14

第2章　公的扶助 －最低限の生活保障－ ……………………………………………… 15
　Ⅰ　公的扶助の概要 ……………………………………………………………………… 15
　Ⅱ　わが国の公的扶助制度の歴史 ……………………………………………………… 15
　Ⅲ　生活保護制度の仕組み ……………………………………………………………… 16
　　1　生活保護制度の目的・原理・原則 ……………………………………………… 16
　　2　生活保護の種類と方法 …………………………………………………………… 17
　　3　被保護者の権利および義務 ……………………………………………………… 19
　　4　不服の申立て ……………………………………………………………………… 21
　　5　生活保護制度の行政の役割 ……………………………………………………… 21
　　6　生活保護の実施 …………………………………………………………………… 22
　Ⅳ　低所得対策 …………………………………………………………………………… 23

第3章　「食」と「社会福祉」 …………………………………………………………… 25
　Ⅰ　「生活する」とは …………………………………………………………………… 25
　Ⅱ　生活するために必要なこと ………………………………………………………… 25
　Ⅲ　食の保障のために行われていること ……………………………………………… 26
　Ⅳ　社会福祉施設における食の保障 …………………………………………………… 29

1 保育所 ……………………………………………………………… 30
　　　2 乳児院 ……………………………………………………………… 31
　　　3 児童養護施設 ……………………………………………………… 31
　　　4 障害児入所施設・障害者支援施設 ……………………………… 31
　　Ⅴ 食の保障と生活の保障との関係 …………………………………… 32

第4章　「子ども」の人権と「社会福祉」
　　　　　－保育士が社会福祉を学ぶ目的とその意義－　………………… 35
　　Ⅰ 社会福祉の歴史から考える保育士 ………………………………… 35
　　　1 戦前の保育 ………………………………………………………… 35
　　　2 戦後の社会福祉と保育 …………………………………………… 36
　　Ⅱ 社会福祉を担う保育士の役割 ……………………………………… 36
　　　1 保育士とは ………………………………………………………… 36
　　　2 家庭及び地域の支援 ……………………………………………… 37
　　　3 ソーシャルワーク機能が求められる保育士 …………………… 38
　　　4 近年の保育士を取り巻く状況 …………………………………… 41
　　Ⅲ 子どもの人権 ………………………………………………………… 42
　　　1 子どもの人権とは ………………………………………………… 42
　　　2 子どもの人権を擁護する法律・条例とは ……………………… 43
　　Ⅳ 子どもの人権を擁護する保育士として望まれること …………… 45
　　　1 子どもの人権意識を高めるために ……………………………… 45
　　　2 保育士自身の人権感覚・人権意識を高めるために …………… 46

第5章　「健康」と「社会福祉」－看護師が社会福祉を学ぶ目的とその意義－ … 49
　　Ⅰ 看護と社会福祉 ……………………………………………………… 49
　　　1 健康とは …………………………………………………………… 49
　　　2 看護とは …………………………………………………………… 50
　　　3 生活と看護 ………………………………………………………… 51
　　Ⅱ 社会福祉施設等における看護 ……………………………………… 52
　　　1 児童福祉施設 ……………………………………………………… 52
　　　2 老人福祉施設 ……………………………………………………… 52
　　　3 障害者支援施設・障害福祉事業所 ……………………………… 53
　　Ⅲ 訪問看護 ……………………………………………………………… 54
　　　1 訪問看護における看護師の仕事内容（成人）…………………… 55
　　　2 訪問看護における看護師の仕事内容（子ども）………………… 57

第6章　児童家庭福祉 －子ども家庭福祉の体系と家庭支援－ ……………… 61
　　Ⅰ 児童家庭福祉の体系 ………………………………………………… 61
　　　1 児童福祉の対象 …………………………………………………… 61
　　　2 子ども家庭福祉施策の体系 ……………………………………… 62

Ⅱ 子どもの権利保障と子ども観 ……………………………………… 69
　　1 子どもの権利条約ができるまで …………………………… 70
　　2 子ども観 …………………………………………………… 72
　Ⅲ 子どもの最善の利益における家庭支援 …………………………… 73
　　1 子どもの最善の利益 ………………………………………… 73
　　2 子ども家庭支援 ……………………………………………… 73
　Ⅳ 子どもの非行に対する支援 ………………………………………… 75
　　1 非行少年とは ………………………………………………… 75
　　2 非行対応の制度の変遷 ……………………………………… 76
　　3 非行少年への対応の流れ …………………………………… 77
　　4 非行関連の相談支援施策 …………………………………… 79
　　5 児童福祉施設での非行支援 ………………………………… 79

第7章　高齢者福祉 ……………………………………………………… 83
　Ⅰ 長寿社会日本 ………………………………………………………… 83
　　1 高齢者とは …………………………………………………… 83
　　2 高齢化の要因 ………………………………………………… 84
　　3 日本の高齢化の特徴 ………………………………………… 85
　Ⅱ 社会の変化と高齢者 ………………………………………………… 87
　　1 産業構造の変化と核家族化 ………………………………… 87
　　2 高齢者と家族・世帯人数の変化 …………………………… 88
　　3 高齢者自身の意識の変化 …………………………………… 89
　Ⅲ 老後を支える諸制度 ………………………………………………… 89
　　1 経済の不安 …………………………………………………… 90
　　2 健康の不安 …………………………………………………… 91
　　3 介護の不安 …………………………………………………… 91
　　4 住み慣れた地域で生活するためのネットワークづくり …… 92

第8章　障がい児・者福祉 ……………………………………………… 93
　Ⅰ 障がい者の概況と障害福祉の理念 ………………………………… 93
　　1 障がい児・者の定義 ………………………………………… 93
　　2 障がい者の概況 ……………………………………………… 94
　　3 障がい福祉の理念 …………………………………………… 94
　　4 国際生活機能分類（ICF） …………………………………… 95
　Ⅱ 障がい福祉の政策・施策 …………………………………………… 95
　　1 障害者基本計画（第4次） …………………………………… 95
　　2 障害者権利条約 ……………………………………………… 96
　　3 障がい種別ごとの根拠法と手帳制度 ……………………… 96
　　4 障害者総合支援法 …………………………………………… 96
　　5 自立支援医療 ………………………………………………… 98

6　障害を理由とする差別の解消の推進に関する法律（「障害者差別解消法」）… 98
　　　7　就労施策 …………………………………………………………………… 98
　　　8　特別支援教育 ……………………………………………………………… 99
　　Ⅲ　障がい福祉の課題 …………………………………………………………… 99

第9章　社会福祉領域における専門機関 …………………………………………101
　　Ⅰ　国の社会福祉行政機関 ………………………………………………………101
　　　1　厚生労働省 …………………………………………………………………101
　　　2　審議会等 ……………………………………………………………………102
　　Ⅱ　地方公共団体の社会福祉行政機関 …………………………………………103
　　　1　福祉事務所 …………………………………………………………………103
　　　2　児童相談所 …………………………………………………………………104
　　　3　身体障害者更生相談所 ……………………………………………………107
　　　4　知的障害者更生相談所 ……………………………………………………108
　　Ⅲ　その他の社会福祉機関 ………………………………………………………109
　　　1　社会福祉協議会 ……………………………………………………………109
　　　2　社会福祉法人 ………………………………………………………………111
　　Ⅳ　社会福祉領域機関における今後の課題 ……………………………………112

第10章　社会福祉領域における専門職 ……………………………………………115
　　Ⅰ　社会福祉事業従事者の概況 …………………………………………………115
　　　1　社会福祉施設職員 …………………………………………………………115
　　　2　社会福祉行政の専門機関職員 ……………………………………………118
　　　3　社会福祉協議会の職員 ……………………………………………………119
　　Ⅱ　社会福祉専門職の国家資格 …………………………………………………119
　　　1　社会福祉士 …………………………………………………………………120
　　　2　介護福祉士 …………………………………………………………………122
　　　3　精神保健福祉士 ……………………………………………………………123
　　Ⅲ　社会福祉領域における専門職に求められるもの …………………………124
　　　1　専門職に求められる倫理 …………………………………………………124
　　　2　専門職に求められる繋いでいく力　〜ネットワーク作り〜 …………125

第11章　クライエントの人権と支援者の自己覚知 ………………………………127
　　Ⅰ　エンパワメント ………………………………………………………………127
　　　1　エンパワメントの原理 ……………………………………………………127
　　　2　エンパワメント・アプローチの方法 ……………………………………128
　　Ⅱ　自己覚知 ………………………………………………………………………129
　　　1　自己覚知の必要性 …………………………………………………………129
　　　2　逆転移の防止 ………………………………………………………………131
　　　3　防衛機制からの発言を防ぐ ………………………………………………132

Ⅲ　セルフエスティーム ………………………………………………133
　　Ⅳ　燃え尽きないために ………………………………………………133

第 12 章　諸外国の社会福祉 …………………………………………137
　　Ⅰ　グローバル社会における社会福祉 ………………………………137
　　Ⅱ　国際条約などから考える社会福祉 ………………………………138
　　　1　国際人権規約 ……………………………………………………138
　　　2　女子差別撤廃条約 ………………………………………………138
　　　3　児童の権利に関する条約 ………………………………………138
　　　4　高齢者のための国連原則 ………………………………………139
　　　5　障がい者の権利に関する条約 …………………………………139
　　Ⅲ　諸外国における社会福祉 …………………………………………139
　　　1　スウェーデンにおける社会福祉 ………………………………139
　　　2　ニュージーランドにおける社会福祉 …………………………140
　　　3　イギリスにおける社会福祉 ……………………………………140
　　　4　アメリカにおける社会福祉 ……………………………………141

◆児童福祉法の一部を改正する法律：新旧対照表 ……………………143
◆編著者紹介 ………………………………………………………………165

序章 社会福祉とは

　「福」・「祉」の意味には、「幸せにする」や「幸福」の意味がある。第二次世界大戦後に社会福祉が支持していたのは、「日本国憲法」第25条「すべて国民は、健康で文化的な最低限度の生活を営む権利を有する。②国は、生活部面について、社会福祉、社会保障及び公衆衛生の向上及び増進に努めなくてはならない」に規定されている国民の生存権を国家責任において保障するための諸政策・制度であった。これは、「救貧・慈悲という気の毒な人たちを救うという限定された人を援助するWelfare」の考えであるが、現代社会では、「より積極的に人権を尊重し自己実現を求める事を保障されるWell-being」に、社会福祉のあり方が移行しているといえる。

　つまり、人々には幸福（Well-being）を追求する権利があるといえ、またこの権利を保障することは「社会」の責任といえる。

　そして、さまざまな制度や政策が目的とする理念や目標、それが「目的概念」としての社会福祉といえ、この目的概念としての社会福祉を実現するための具体的な制度や政策そのものが、「実体概念」としての社会福祉といえる。

　後者の「実体概念」としての社会福祉の領域は非常に幅広いが、一般的には広義と狭義で捉えることができる。

　まず、広義の社会福祉とは、福祉国家や福祉社会の実現を目指す多様な政策や事業、例えば、所得、医療、介護などを保障する「社会保障制度」や教育、住宅、雇用などの制度がある。「教育制度」や「就労政策」などを含めて社会福祉という場合には、広義の社会福祉といえる。

　一方で、狭義の社会福祉では、社会保障制度の公的扶助の部分と、児童、障がい児・者、ひとり親、高齢者、女性、あるいは経済的困窮者など、いわゆる「社会的弱者」とされる人のうち、日常生活を送るのに何らかの困難を伴うケースへ焦点をあてた支援に関することを扱う。今日の法制度でいうと、社会福祉六法があり、それは生活保護法、児童福祉法、身体障害者福祉法、知的障害者福祉法、老人福祉法、母子及び父子並びに寡婦福祉法であり、またその他にも介護保険法、売春防止法、児童手当法などもあり、

これら福祉関連の法律に基づく各種のサービスが、狭義の社会福祉であるということになる。

そして、これら福祉関連の法律に基づく各種支援を実施する専門家のなかに、保育士や栄養士、看護師などがあげられるのである。

＜参考文献＞
新保育士養成講座編纂委員会編『社会福祉論』全国社会福祉協議会、2018年

第1章 私たちの生活と社会保障
－社会保障の体系と社会保険－

Ⅰ 社会保障とは

　私たちは、疾病や怪我をしたときには「医療保険」、また退職したときは「公的年金」を受けているのはご存じであろう。

　私たちの生活のリスク（生活問題）に直面したときに、社会全体で支え、支援することは重要であり、これを「社会保障」と呼んでいる。

　この社会保障の淵源は、「日本国憲法」25条の生存権に由来し、同条1項において「すべて国民は、健康で文化的な最低限の生活を営む権利を有する。」とあり、国民の最低限の生活は国が保障することになっている。また同条第2項には「国は、すべての生活部面について社会福祉、社会保障及び公衆衛生の向上及び増進に努めなければならない。」と規定し、社会保障は国の責務となり、私たちは権利としての社会保障をこの生存権規定から享受できるようになった。

　しかし、社会保障が何を意味するのか、社会保障の概念については憲法に規定されていない。1950（昭和25）年に社会保障制度審議会が、「社会保障制度に関する勧告」にて社会保障の概念を規定し、この概念が今日の社会保障を位置づけている。この概念は次のとおりである。

　「社会保障とは、疾病、負傷、分娩、廃疾、死亡、老齢、失業、多子その他困窮の原因に対し、保険的方法または直接公の負担において経済保障の途を講じ、生活困窮に陥った者に対しては、国家扶助によって最低限の生活を保障するとともに、公衆衛生および社会福祉の向上を図り、もってすべての国民が文化的社会の成員たるに値する生活を営むことができるようにすることをいうのである。」

　このように、社会保障の中核は社会保険であり、同保険でカバーできない場合、公的扶助が補完する構図である。また、高齢者、障がい者、子ども等の社会福祉も社会保障の1つである。

　以上が社会保障の概念であるが、西欧においては、社会保障の概念はわが国と同じ

でなく、英米では所得保障を指し、社会保障の概念は今のところ統一されていない。

Ⅱ　社会保障の機能

　社会保障の中核の機能は、社会保険である。同保険は、日常生活における社会的事故を想定し、例えば「失業」、「傷病」、「介護」、「死亡」、「障害」等に直面した時、経済的、社会的に安定した生活ができるように公的な支援を行う。
　この節では、社会保障の機能を大まかに見ていくことにする。
　生存権については、先述したとおり、私たちはどのような社会的事故にあっても、健康で文化的な最低限度の生活を営むことができる。つまり、社会保障は、生活の維持、安定のために存在している。
　また、社会保障の財源は「税」「社会保険料」等で成り立っている。稼得能力の高い者から、「税」、「保険料」を徴収し、所得の少ない者に分配する所得再分配が、これまでの社会保障の機能であった。この分配機能は、特に「税」の累進課税に導入されている。
　しかし、今日では同じ水準の所得者層から同じ所得者層に対して、「税」、「保険料」を分配する水平的再分配が主流となっている。
　また、世代間再分配は、公的年金に見られるように、若者層が高齢者層を支えることであり、世代間の扶養を指す。加えて、賦課方式であり、平たく言えば、社会的仕送りである。
　その他の機能として、「育児」、「介護」等が家庭で滞っている場合、保育サービス、介護サービスは「家族機能」を補完する。
　さらに、社会保障が整備、充実していくことにより、「社会の安定機能」や年金、手当等の金銭給付のため、経済における消費活動を刺激することにより、「経済を安定させる機能」も持っている。
　このように社会保障は私たちの生活全般をカバーしており、社会的なセーフティネットの役割を果たしていることが理解できよう。
　最近では、公的な支援だけでなくボランティアやNPO（非営利組織）のサービスも社会保障機能を担うものの1つと考えられており、社会保障の供給主体は多様化している。

Ⅲ　社会保障の体系

　社会保障の概念は先述したとおり、私たちの生活全体をカバーする公的支援であり、この支援は多岐にわたる。

社会保障の中核は「社会保険」である。この制度は貧困を防ぐ役割であり、保険の原理を利用したしくみである。

同保険の特徴は、あらかじめ社会的事故を想定し、この事故にあえば給付が受けられるというものである。

この保険の財源は基本的には「保険料」であり、給付を受けるためには原則保険料の負担が課せられる。つまり、保険料を負担する義務に対して、権利として給付が受けられる。しかし、低所得者等に対しては保険料の減免が規定されている。

また、同保険は強制加入であり、加入しないという選択肢はない。さらに現在の同保険は、基本的に本人の負担と事業主の負担があり、労使で折半している。そして、同保険の管理運営は国や地方自治体等の公的な機関が担っている。

なお、わが国の社会保険は5つの制度から構成されており、内容は次のとおりである。「年金保険」、「医療保険」、「介護保険」、「雇用保険」、「労災保険」がある。各制度の概要については、別の節で説明する。

「社会扶助」は貧困対策から発展し、「救貧法」から「公的扶助」へ再編され、財源は「公費」（税金）で賄われている。「公的扶助」の中核は、「生活保護」であり、憲法25条生存権の規定に基づいて、戦後、「生活保護法」が1946（昭和21）年に制定された。

同法は、生活困窮した場合で、家族、親族等の支援が受けられない時、また、自分が持っている財産、資産等を生活費に充当しても、国が定めている最低生活費に満たない場合に保護を受けることができる。「社会保険」との違いは、資産調査（ミーンズテスト）が行われるため、本人等にスティグマ（恥意識）を伴うことである。調査は、財源が公費のため不正受給等がないように厳格に行われる。

1　社会保険の種類

（1）年金保険

公的年金には、20歳から60歳未満の者すべてが加入する国民年金がある。この年金は「老齢基礎年金」、「障害基礎年金」、「遺族基礎年金」の3つの制度で構成されている。

また、雇用されている者は「厚生年金」に加入し、所得に応じた年金を支給し、「老齢厚生年金」、「障害厚生年金」、「遺族厚生年金」がある。

なお、公務員が加入する「共済年金」は、2015（平成27）年10月に「厚生年金」と統合した。

（2）医療保険

「傷病」等により、治療等を受けることができる。職域等により異なり、自営業者等は都道府県・市町村・国民健康保険組合が管理する「国民健康保険」、民間中小企業等に雇用されている者は「全国健康保険協会管掌健康保険」（通称協会けんぽ）、

大企業等に雇用されている者は「組合管掌健康保険」に加入している。保険者はそれぞれ「国民健康保険」、「全国健康保険協会」、「健康保険組合」である。公務員等は「共済組合」に加入し、保険者は共済組合等である。

また、国民健康保険組合を除く「国民健康保険」以外の医療保険は金銭給付があり、「傷病手当」、「出産育児一時金」、「出産手当」、「葬祭手当」等である。

（3）介護保険

2000（平成12）年からスタートし、要支援、要介護の者が在宅、施設サービス等を受けることができる。保険者は市町村であり、40歳以上の者が加入し、要介護認定を受けた後、ケアプラン（介護計画）を作成後、サービスを受ける。負担は1～3割の応益負担である。

（4）雇用保険

失業や再就職支援のために制度化されており、公共職業安定所（ハローワーク）が担当している。基本的には、すべての事業所で雇用されている者は同保険の加入が義務付けられている。

（5）労働者災害補償保険

仕事上の傷病、死亡、通勤途上の傷病、死亡等を対象に補償する制度である。労働基準監督署が担当している。この保険のみ使用者が保険料を負担し、労働者の負担はない。

2　生活保護の種類

生活保護の種類は、利用者の生活のニーズに応じて8つの種類がある。①生活扶助、②教育扶助、③住宅扶助、④医療扶助、⑤介護扶助、⑥出産扶助、⑦生業扶助、⑧葬祭扶助、である。

3　社会手当

私たちの生活問題に対応するため、税や事業主拠出金を財源に金銭給付を行なうものである。わが国の社会手当は、概ね5つの手当が規定されている。①児童手当、②児童扶養手当、③特別障害者手当、④障害児福祉手当、⑤特別児童扶養手当である。

第1章　私たちの生活と社会保障　—社会保障の体系と社会保険—

4　社会福祉

　これは、狭義の社会福祉を指し、かつては「社会福祉六法」を指していた。社会福祉は社会サービスの1つであり、おもに対人援助である。大まかに、①高齢者福祉、②児童福祉、③母子及び父子並びに寡婦福祉、④障がい者福祉に分かれる。

Ⅳ　社会保障の財源

　基本的には「税」と「保険料」で構成されている。2018（平成30）年度予算を見ると、一般会計予算は97.7兆円、その中で税収等は約59.07兆円である。借金である国債発行が約33.69兆円であり、この累積が約900兆円にもなり、財政赤字が深刻化している。また一般会計歳出での社会保障予算は32.9兆円であり、税収に占める社会保障の割合は極めて高い。現在の社会保障は保険方式をとり、保険料が財源であるが、わが国では公費を多く投入しているのが特徴である。ちなみに、年金に11.69兆円、医療に11.61兆円、介護に3.10兆円である。

　また、社会保障給付費は「税」と「保険料」をあわせたもので、赤ちゃんから高齢者に全体に提供された社会保障給付の総計を指す。2016年度の国立社会保障・人口問題研究所の資料によると社会保障給付費は116.9兆円である。

　2015（平成27）年の国民1人あたりの同給付費は、約90万円であり、2012（平成24）年と比べて数％上昇している。

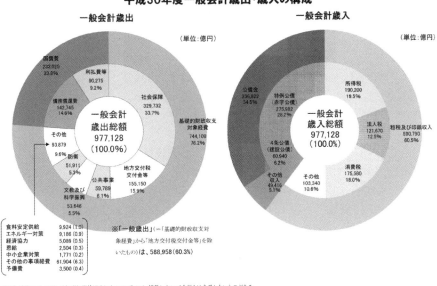

図1-1　平成30年度一般会計歳出・歳入の構成
財務省

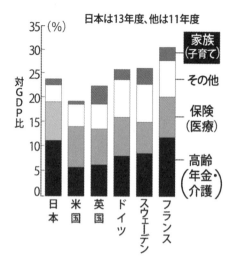

図1-2 主要国の社会支出の分野別比較
『朝日新聞』2015年10月24日より筆者作成

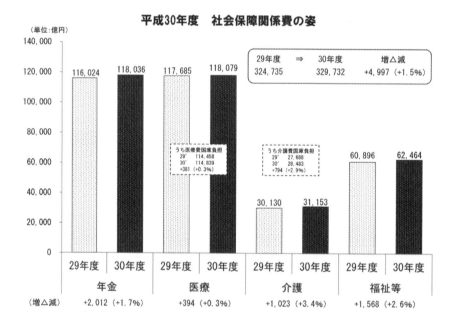

図1-3 平成30年度 社会保障関係費の姿
図1-1に同じ

　このように同給付費は、「少子高齢化」の影響により、毎年増加しており、社会保障全体の適正化が求められており、各制度のスクラップアンドビルドが急務である。
　さらに、社会保障の対象を限定し、所得に応じた負担のしくみの構築が求められている。

第1章　私たちの生活と社会保障　−社会保障の体系と社会保険−

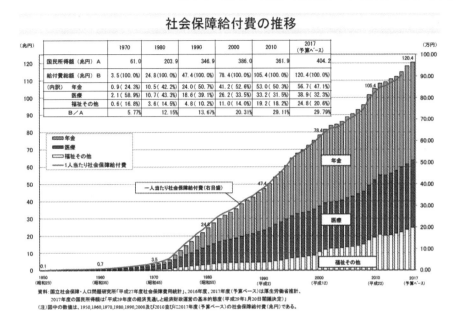

図1-4　社会保障給付費の推移
内閣府

V　社会保障の沿革

1　イギリスの社会保障の沿革

　16世紀において、オランダから羊毛産業がイギリスに普及したため、当時の地主は畑作農業を停止し、羊毛をつくることに専念した。これまで農地に縛られていた農民は農地を追い出され、都市へと移動し、生活困窮のために物乞いをして生活する者が増加した。ヘンリー8世は、これらの貧困に対しては強権をもって制する「物乞い取締法」を制定し、貧困を刑罰の対象にしたのである。貧困者への対応はすさまじいものがあった。しかし、農地を追われた農民はどんどん増加し、なんらかの対策が必要だったのである。

　そのため、1601年に「エリザベス救貧法」が制定され、労働能力のない者だけを保護する制度がつくられた。しかし、今のような人権的な視点がなく、社会の秩序維持のために同法を制定したのである。

　次いで、1662年に「定住法」を制定し、貧困者の本籍外では救貧法が受けられなくなり、救貧税の歳出の抑制が行われた。

　その後、1722年に「ワークハウステスト法」が制定され、労働能力がない者は施設に収容し、保護した。一方、労働能力がある者は、労役場で強制労働に従事させられたのである。

イギリスでは18世紀後半に産業革命が起き、石炭を動力とする機械制工業が発展した。加えて、炭鉱や工場で働く労働者が必要となり、これまで労役場で強制労働させられていた貧困者を地域に帰し、炭鉱、工場で働かせる政策に転換したのである。

　そして、国が決めた最低生活費に満たない場合に賃金を補てんする「ギルバート法」が、1782年に制定された。その後、家族の人数に対応する食費が最低生活費を規定し、この最低生活費に賃金が満たない場合、差額を補てんする「スピーナムランド制度」が1795年に創設された。

　この２つの制度は、結果的に資本家に悪用されることになり、救貧財政は破たんした。1834年には「新救貧法」が制定され、これまでの貧困労働者の賃金補助は廃止され、旧態依然の地域において労働能力のない者だけを保護する救貧法に逆戻りしてしまう。

　この当時、経済学者のマルサスは「人口論」を著し、貧困者の救済は食料生産の観点から意味がないことを主張した。救貧法の対象者は限定され、同法のサービス水準はきわめて劣悪なものであった。

　特に、「劣等処遇」の原則は徹底され、同法のサービス水準は、労働者の最低生活水準以下にする価値観が中心になり、その後の社会保障に大きな影響を与えた。

　また、労働者が過酷な労働を強いられ、多くの者が感染症等で亡くなり、大きな社会問題となった。その後、労働運動が高まり、「工場法」の制定や「普通選挙制度」につながっていく。

2　社会福祉調査法

　当時のイギリス社会は、貧困原因は個人にあるという価値観が前提であったが、19世紀末から20世紀初頭において社会調査が行われた。

　ブースは『ロンドン民衆の生活と労働』（1902-1903年）を著し、ロンドン市民の実態調査を行い、ラウントリーは『貧困－地方都市生活の研究』を著し、ヨーク市民の実態調査を行った。彼らの調査は、これまでの貧困観を払拭し、貧困の原因は資本主義の構造的矛盾が要因であることを明らかにした。

　また、社会保障、社会福祉に関しての科学的な視点の導入の功績は画期的なことであった。

　これらの社会調査の結果、当時のロイド・ジョージ首相は、この事実を真摯に受け止め、高まる労働運動、社会主義運動を抑圧するため、国民生活に介入する政策をとったのである。これは「社会改良事業」と呼んでいる。例えば、1902（明治35）年「学校保健法」、1906（明治39）年「学校給食法」、1908（明治41）年「児童法」、同年「無拠出老齢年金法」、1909（明治42）年「職業紹介所法」、同年「住宅・都市計画法」を制定している。

　特に1908年の「無拠出老齢年金法」は、低所得者の高齢者に金銭を給付する制度

であり、公的扶助の1つの先駆けである。

また1911年には「国民保険法」を制定し、イギリスにおいてはじめて社会保険が導入された。この保険は現在の「健康保険」、「失業保険」であり、貧弱ながらも国民の生活の改善に貢献した。

さらに、同時期に現在の社会保障の理念になっている「国民の最低限の生活」(ナショナルミニマム)をウエッブ夫妻が主張したが、国は拒絶し、この理念が陽の目を見るのは1942年の「ベヴァリッジ報告」まで待たなければならなかった。

3　ベヴァリッジ報告

自由党のチャーチルは、第二次世界大戦後のイギリスの社会保障のあり方をベヴァリッジに依頼し、1942(昭和17)年「社会保険と関連サービスに関する報告」を公表した。先述したように国民の最低生活保障を社会保障の柱に据え、「均一拠出」、「均一給付」を原則とし、社会保険制度を中心とした制度を謳っている。特に、①所得保障、②保健、③福祉、④教育、⑤住宅、⑥雇用の社会サービスのあり方を明らかにしたのである。

4　ドイツの社会保険制度の導入

ドイツでは、イギリスに遅れて「産業革命」が起こり、産業化、工業化が急速に進んだ。このため、労働運動、社会主義運動が高まり、国はその鎮圧に苦慮していた。

この時期、ビスマルク首相はこれらを弾圧するために、1878年「社会主義者取締法」を制定した。そして労働者、国民の不満を解消するため1883年に「疾病保険法」を制定し、世界で初めて社会保険を導入したのである。

この社会保険はヨーロッパ各地で広がっていたギルドがモデルとなり、同業組合の相互扶助のしくみを応用したものであり、新しい制度モデルではなかった。

5　わが国の社会保障の沿革

(1) 戦前の社会保障

わが国における初めての社会保障立法は、1874(明治7)年に制定された「恤救(じゅっきゅう)規則」である。

この制度は、家族や近隣においての援助を前提に、ここから漏れた者を救済する制度であり、今日のような人権的な視点でつくられたものではなかった。

その後、1918(大正7)年「米騒動」が勃発し、当時の政府は軍の力を持って制圧した。この運動は、わが国の貧困の実態を国民に認知させるものであり、政府も

何らかの対策を講じる必要に迫られた。

次いで、1929(昭和4)年に「救護法」を制定し、各種の扶助制度を設け、また貧困の高齢者が入所する「養老院」が設けられた。この施設は現在の「養護老人ホーム」に再編されている。

戦前のおもな社会保障は、端的に言えばこの2つの制度であり、権利性のある社会保障は戦後まで待たなければならなかった。

(2) 戦後の社会保障

1946(昭和21)年に、「日本国憲法」が制定された。憲法25条は「生存権」と呼ばれ、国民は健康で文化的な最低限の生活を営む権利を有し、国家責任を初めて規定している。いわゆる「権利としての社会福祉」が以後構築されていく。

その後、「生活保護法」、「児童福祉法」、「身体障害者福祉法」が制定され、福祉三法から戦後の社会保障はスタートした。

さらに「工業化」、「産業化」が進展し、わが国は高度経済成長の時代を迎え、わが国の社会保障の特徴である「皆保険」、「皆年金」が施行となり、西欧と比較して遜色のない社会保障が整備されていくのである。

また、「知的障害者福祉法」、「老人福祉法」、「母子福祉法」が制定され、社会福祉分野も整えられた。

1973(昭和48)年には「老人福祉法」が改正され、70歳以上の者(国民健康保険被保険者と被用者保険被扶養者で、一定の所得制限あり)の医療の自己負担を公費で補てんする、いわゆる「老人医療費の無料化」が施行される。この制度は「保険制度」を設けていないため、高齢者の健康増進や生活習慣病の予防等の制度がない。単に医療費の無料化だけが一人歩きをし、そのため医療機関には高齢者が殺到した。その結果、老人医療費は増大し、介護に対しても医療が提供されたため「社会的入院」が増加した。これが、現在の老人医療費の論点となっている。

また、同年「石油ショック」により、経済成長が見込まれなくなり、1974(昭和49)年は戦後初めてマイナス成長を経験し、これ以後、わが国は低成長時代を迎えた。

これらの課題に対応するため、1982(昭和57)年に「老人保健法」を制定し、老人医療費の一部自己負担と市町村の保健事業を構築したが、老人医療費の適正化には十分寄与しなかった。

その後、1989(平成元)年に「ゴールドプラン」(高齢者保健福祉推進10カ年戦略)を策定し、1990(平成2)年「老人福祉法等の改正」、いわゆる社会福祉八法改正により、高齢者福祉、障がい者福祉は市町村が担い、社会福祉供給も民間の参入を認めることになった。

加えて、1994(平成6)年「新ゴールドプラン」、1999(平成11)年に「ゴールドプラン21」が策定され、介護基盤の整備が図られた。

また、1997（平成9）年には、「介護保険法」が制定され、利用者主体で社会保険方式による介護がスタートした。
　さらに、社会保障改革が急務となり、「少子高齢化」の進展により、財政の効率化を目指すことが1つの論点となった。1996（平成8）年に、橋本内閣が主張した6つの改革の1つが社会保障であり、同年社会保障関係審議会会長会議報告（社会保障構造改革の方向（中間まとめ））を発表し、3つの方向が示された。基本的には社会保障の抑制を謳ったものである。
　さらに、社会福祉についても基礎構造改革が行われ、2000（平成12）年、「社会福祉事業法」を改正し、「社会福祉法」に改題し、「利用者中心」、「措置制度から契約制度」等のしくみに大きく変わることになる。この改革により、「利用者中心」や「応益負担」等が実施され、社会福祉の適正化が図られた。
　2009（平成21）年には、これまでの自民党、公明党、改革クラブの連立政権から、民主党、国民新党、社民党の連立政権が登場した。
　特に、同政権は「社会保障」と「税」の一体改革に取り組み、消費税を財源に社会保障の運営の効率化、適正化を図ろうとしたが、翌年の参議院選挙により同政権は大敗し、大幅に議席数を減らすことになる。衆議院では過半数を維持したが、参議院では過半数に満たないいわゆるねじれ国会となる。そのため、与党の社会保障政策を実現するため、どうしても自民党、公明党の賛同を得なくてはいけない事態となった。
　そして、2012（平成24）年、3党が「社会保障と税の一体改革」で合意する。合意内容は、例えば老齢基礎年金の2分の1における公費負担や低所得者の年金加算等、広範囲にわたる改革案が決定され、その後各法を改正したのである。
　また、年金制度や後期高齢者医療等の合意できない政策については、有識者による「社会保障制度改革国民会議」を発足し、翌年、政府に報告書を提出する。
　同年にまとめられた国民会議の報告は、具体的に「年金」、「医療」、「介護」、「子育て」等の制度、政策の手順を示した「プログラム法案」が国会で審議され、12月に可決成立した。
　この法律によって、70〜74歳の前期高齢者の医療費の自己負担をこれまでの1割で据え置いていたものについて、2006（平成18）年改正案のとおり2割負担することとなった。また、介護保険制度については、所得の高い高齢者の自己負担は1割から2割負担となり、高齢者の所得、資産を根拠に部屋代、食費を助成する「補足給付の見直し」や要支援者に対する給付を「地域支援事業」に移管すること、「国民健康保険制度」の運営を財政的見地から主体を市町村から都道府県に移管することにもなった。そして、この改革を推進する組織として、内閣総理大臣を本部長とする「社会保障制度改革推進本部」が設置され、改革を推進することになる。
　このように社会保障は紆余曲折を経て改正を重ねつつも、「少子高齢化の進展」、「国

家財政の緊縮化」、「経済社会の変化」、「国民生活の多様化」等により大きく揺らいでおり、今日を迎えていると言えよう。

Ⅵ　社会保障の課題

　少子高齢化が進展したため、「税」、「保険料」を負担する者が減少し、「年金」、「医療」、「介護」等のサービスを受ける高齢者が増加している。そのため、「負担」と「給付」の関係が壊れ、今日の社会保障制度の維持が困難となっている。加えて、わが国の人口が急激に減少していることが課題を複雑にしている。

　さらに、経済の低迷により労働環境が悪化し、国民の所得が急激に減少し、企業もこれまでの「正社員中心」から転換し、「非正規雇用」が増加している。ゆえに若年層の生活格差が顕著となり、「結婚」、「出産」が困難な状況が生じている。

　また、保育所等の子育て支援もまだニーズ（要望）に十分に対応していないため、子育て支援も大きな課題である。

　一方で、要介護高齢者が増加し、「医療」、「介護」等を維持する「医療」、「保険」、「福祉」職等のマンパワーが不足し、在宅、施設等のサービスも不十分である。

　さらに、家族介護が中心であるため、「老老介護」、「認認介護」等により、家族の崩壊や介護が引き金となった事件が後を絶たない状況である。

　これらの社会保障の課題を政治、行政に吸い上げ、ひとつひとつのニーズ（要望）にあったサービスの構築と、その財源調達が今後の大きな論点である。

＜参考文献＞

松井圭三編『改訂新版よくわかる社会福祉概論』大学教育出版、2009年

松井圭三他編『社会保障論』大学図書出版、2014年

松井圭三他編『現代社会福祉概説』ふくろう出版、2015年

松井圭三共著『社会福祉論』建帛社、2016年

厚生労働省『平成29年版　厚生労働白書』

厚生労働統計協会編『国民の福祉と介護の動向2016/2017』厚生労働統計協会、2017年

社会福祉の動向編集委員会編『社会福祉の動向2017』中央法規、2017年

第2章 公的扶助
－最低限の生活保障－

I 公的扶助の概要

　公的扶助制度は社会保障制度の一つであり、社会保険制度とともに国民の生活を保障する制度である。

　社会保険制度には、医療保険・年金保険・雇用保険・労働者災害補償保険・介護保険の5部門がある。その特徴として、被保険者の疾病、高齢化、失業、労働災害、介護という生活上の困難に対して、被保険者があらかじめ保険料を拠出し、保険者が給付を行う公的制度であり、防貧的機能を有している。

　それに対して、公的扶助制度は、国民の健康と生活を最終的に保障する制度として位置づけられている。その特徴として、貧困・低所得者を対象としていること、最低生活の保障を行うこと、公的責任で行うこと、資力調査（収入、資産、能力などの有無や程度、およびその利用可能性その他を調査）あるいは所得調査を伴うこと、租税（税金）を財源としていること、救貧的機能を有していることなどが挙げられる。その公的扶助制度は、資力調査を要件とする貧困者対策と、所得調査を要件とする低所得者対策の二つにわけることができる。

　前者の貧困者対策には、日本国憲法第25条の生存権を実現する生活保護制度がある。
　後者の低所得者対策には、社会手当制度、民生委員の相談援助活動を通して行う生活福祉資金貸付制度、低所得層を中心に住宅を提供する公営住宅制度等がある。

II わが国の公的扶助制度の歴史

　近代的な公的扶助の制度は、1874（明治7）年の「恤救規則」が最初となる。1929（昭和4）年に「救護法」が制定され、わが国において法制的に救護制度は整備されたが、救護における国家責任の明確な規定を欠き、失業による生活困窮は救護の対象としないという制限的な制度であった。

戦前からの制度では、第二次世界大戦後に急増した戦災者、引揚者、失業者に対して、十分な対応ができなかった。そのため、1946（昭和21）年4月より「生活困窮者緊急生活援護要綱」が施行されたが、一時的な制度であったため、同年9月、生活保護法（以下、旧生活保護法）が制定され、10月に施行された。この旧生活保護法において、初めて要保護者に対する生活保護が国家責任を原則とすることが明文化された。

　旧生活保護法では、勤労意欲のない者や素行不良の者には保護を行わないという欠格事項が設けられ、保護の対象は限られていた。その後、1950（昭和25）年5月に旧生活保護法は全面改定され、現行の生活保護法が制定された。憲法第25条の生存権に基づく法律であることが明文化され、保護請求権を認め、不服申立制度が法定化された。保護事務を行う補助機関に社会福祉主事を置き、それまで補助機関であった民生委員は協力機関とされた。

Ⅲ　生活保護制度の仕組み

1　生活保護制度の目的・原理・原則

　生活保護制度は、「利用し得る資産、稼働能力、他法、他施策などを活用してもなお日本国憲法25条の保障する「健康で文化的な最低限度の生活」を維持できない者に対し、その困窮の程度に応じて保護を行い、最低限度の生活を保障するとともに、その自立を助長することを目的」とする制度である。
　また、生活保護制度では、次の四つの基本原理を定めている。生活保護制度の基本的な考え方、及び運用の基本となる原理である。

（1）国家責任の原理（生活保護法第1条）
　生活保護法の目的を定めた最も根本的な原理となっている。日本国憲法第25条に規定する生存権を実現するため、国がその責任を持って生活に困窮する国民の保護を行う。

（2）無差別平等の原理（生活保護法第2条）
　全ての国民は、生活保護法に定める要件を満たす限り、国籍や理由に関わらず無差別平等に保護を受けることができる。したがって、生活困窮に陥った原因や社会的身分等など関係なく、現時点の経済的状態に着目して保護が行われる。

1）厚生労働統計協会『国民の福祉と介護の動向　2015/2016』厚生労働統計協会、2015年、p.196

（3）最低生活の原理（生活保護法第3条）
　生活保護法で保障する最低生活の水準の健康で文化的な最低限度の生活を維持できるよう保障するものである。

（4）保護の補足性の原理（生活保護法第4条）
　この原理のみ、保護を受ける側、つまりは国民に要請される原理である。各自がもてる能力や資産、他法や他施策といったその他あらゆるものを活用し、最善の努力をしても最低生活が維持できない場合に初めて保護が行われる。

　そして、生活保護制度の次の四つの基本原則を定めている。生活保護を実施する際に、守られるべき原則である。

（1）申請保護の原則（生活保護法第7条）
　保護を受けるためには申請手続きが必要となる。本人や扶養義務者、親族等による申請に基づいて保護が開始される。

（2）基準及び程度の原則（生活保護法第8条）
　保護は最低限度の生活基準を超えない枠で行われる。厚生労働大臣の定める保護基準により測定した要保護者の需要を基とし、その不足分を補う程度の保護が行われる。

（3）必要即応の原則（生活保護法第9条）
　保護は、要保護者の年齢別、性別、健康状態等その個人又は世帯の実際の必要の相違を考慮して、有効且つ適切に行われる。

（4）世帯単位の原則（生活保護法第10条）
　世帯を単位として保護の要否及び程度が定められる。特別な事情がある場合は世帯分離を行い個人単位で決定される場合もある。

2　生活保護の種類と方法

　生活保護法は、その前提要件として、収入、資産、能力を活用し、さらに私的扶養、他の法律による給付を優先して活用し、それでもなおかつ生活に困窮する場合に初めて保護を適用する仕組みである。生活保護は、生活や病気で困っている人から保護の申請があると、生活保護の決定にあたって、その家庭を訪問し、実情を調査したうえで、その家庭の収入を認定し、保護の基準の最低生活費と比較して不足する分について支

給することになっている。

　保護は、生活費の性格によって、次の8種類の扶助があり、その世帯の生活の状態に応じて一つ（単給）あるいは二つ以上（併給）の扶助が受けられる。最近の傾向としては、生活扶助と医療扶助の併給、医療扶助の単給がその多くを占めている。

（1）生活扶助
　　衣食その他日常生活の需要を満たすために必要なもので、原則として金銭給付によって行う。

（2）住宅扶助
　　家賃、間代、地代等を支払う必要があるとき、原則として金銭給付によって行う。被保護者が、現に居住する家屋の水道設備等の従属物の修理又は現に居住する家屋の補修等をする場合に給付する。

（3）教育扶助
　　義務教育に伴って必要な教科書その他の学用品、通学用品、学校給食費等その実態に応じて原則として金銭給付によって行う。

（4）介護扶助
　　困窮のため、最低限度の生活を維持することのできない要介護者及び要支援者に対して、居宅介護・福祉用具・住宅改修等を原則として、現物給付で行う。

（5）医療扶助
　　けがや病気で治療を必要とするとき、原則として現物給付によって行う。その内容は診療、薬剤又は治療材料、医学的処置、手術及びその他の治療並びに施術、病院等への収容、看護、移送である。

（6）出産扶助
　　分娩の介助、分娩前及び分娩後の処置等で、原則として金銭給付によって行う。

（7）生業扶助
　　生業に必要な資金、器具又は資料、生業に必要な技能の修得、就労のために必要なもので、その者の収入を増加させ、又はその自立を助長することができる見込みのある場合に限られ、原則として金銭給付によって行う。

（8）葬祭扶助
　葬祭を行う必要があるとき検案、死体の運搬、火葬を原則として金銭給付で行う。

　また生活保護は居宅保護を原則としている。しかし、それにより難い場合には施設にて保護を行う。生活保護法で規定されている保護施設には、以下の5種類があり（生活保護法第38条）、それぞれ施設の目的・対象・機能が違っている。

（1）救護施設
　身体上又は精神上著しい障害があるために日常生活を営むことが困難な要保護者を入所させて、生活扶助を行うことを目的とする施設である。

（2）更生施設
　身体上又は精神上の理由により養護及び生活指導を必要とする要保護者を入所させて、生活扶助を行うことを目的とする施設である。

（3）医療保護施設
　医療を必要とする要保護者に対して、医療の給付を行うことを目的とする施設である。

（4）授産施設
　身体上若しくは精神上の理由又は世帯の事情により就業能力の限られている要保護者に対して、就労又は技能の修得のために必要な機会及び便宜を与えて、その自立を助長することを目的とする施設である。

（5）宿所提供施設
　住居のない要保護者の世帯に対して、住居扶助を行うことを目的とする施設である。

3　被保護者の権利および義務

　生活保護は、最低生活の維持のための給付であり、またその費用はすべて国民の税金によって賄われていることから、それらに対応して被保護者には、特別の権利が与えられている一方、義務も課せられることになる。

被保護者の権利
（１）不利益変更の禁止（生活保護法第56条）
　被保護者は、正当な理由がなければ、既に決定された保護を、不利益に変更されることがないというものである。

（２）公課禁止（生活保護法第57条）
　生活保護によって得た生活保護費などに税金が掛かることはないということである。

（３）差押禁止（生活保護法第58条）
　仮に被保護者に借金があった場合でも、債権者が借金の担保や返済名目として生活保護費などを差し押さえることはできないということである。

被保護者の義務
（１）譲渡禁止（生活保護法第59条）
　被保護者は、生活保護または就労自立給付金を受ける権利を他者に譲り渡すことはできないということである。

（２）生活上の義務（生活保護法第60条）
　被保護者は、常に、能力により勤労に励み、自ら、健康の保持および増進に努め、収入、支出その他生計の状況を適切に把握するとともに支出の節約を図り、その他生活の維持および向上に努めなければならない。

（３）届出の義務（生活保護法第61条）
　被保護者は、収入、支出等生計の状況が変動、または居住地や世帯の構成に異動があったときは、すみやかに保護の実施機関または福祉事務所長に届け出なければならない。

（４）指示等に従う義務（生活保護法第62条）
　生活保護の受給中は被保護者に対して様々な指導や指示が行われる。例えば、医師や歯科医師の検診を指示される場合もあるし、救護施設等への入所を指示されることもある。このような場合に被保護者は福祉事務所やケースワーカーの指示に従わなければならない。

（５）費用返還義務（生活保護法第63条）
　仮に、本来、生活費に充当できる資産がありながら生活保護費を受給していた場合、受給された生活保護費は返還しなければならない。

4　不服の申立て

当然受けられるはずの保護が正当な理由もなく行われなかった場合は、行政上の不服申立てによる救済の方法が認められている。それには、次の二つの段階がある。

（1）福祉事務所長の行った保護開始・申請却下、保護停止・廃止などの処分ならびに就労自立給付金の支給に関する処分に不服がある者は、生活保護法及び行政不服審査法の規定に基づき、当該処分があった事を知った日の翌日から起算して3か月以内に、都道府県知事に対して審査請求を行う事ができる。都道府県知事は、審査請求があった時は、70日または50日以内に裁決を行う。

（2）都道府県知事が行った審査請求に対する裁決に不服がある者は、当該処分があった事を知った翌日から起算して1か月以内に厚生労働大臣に対して再審査請求を行う事ができる。厚生労働大臣は、再審査請求があった時は、70日以内に裁決しなければならない。

5　生活保護制度の行政の役割

（1）国の役割

生活保護制度における国の役割として、厚生労働大臣が、生活保護基準を定めることとされている。第8条には、「保護は、厚生労働大臣の定める基準により測定した要保護者の需要を基とし、そのうち、その者の金銭又は物品で満たすことのできない不足分を補う程度において行うものとする」と規定されている。

また国は、保護費について、その費用の4分の3を負担する義務がある。

（2）都道府県の役割

都道府県は、福祉事務所を設置する義務がある。そして、都道府県は保護施設を設置することができるとされ、その設備及び運営について条例で基準を定める。

生活保護費の負担については、都道府県設置の福祉事務所の保護の実施にかかる費用は、4分の1を負担しなければならない。

（3）市町村の役割

市町村は、保護施設を設置しようとするときは都道府県に届け出なければならない。また、市は福祉事務所を設置しなければならず、町村は条例で福祉事務所を設置することができる。

生活保護費の負担については、市町村が設置する福祉事務所の保護の実施にかか

る費用は、4分の1を負担しなければならない。

6　生活保護の実施

（1）生活保護の実施機関としての福祉事務所

　福祉事務所とは、いわゆる福祉六法を司る社会福祉の第一線機関である（社会福祉法第14条第6項）。福祉事務所の組織は、所長、査察指導員、現業員、事務職員で構成される。そして、都道府県知事等は、その管理に属する福祉事務所長に保護の決定及び実施に関する事務の全部又は一部を委任することができる（生活保護法第19条第4項）。

　なお、現業員は、援護、育成または更生の措置を要する者等の家庭を訪問し、または訪問しないで、これらの者に面接し、本人の資産、環境等を調査し、保護その他の措置の必要の有無及びその種類を判断し、本人に対し生活指導を行う等の事務を行う（社会福祉法第15条第4項）。査察指導員は、現業員の指導監督を行う（同条第3項）。

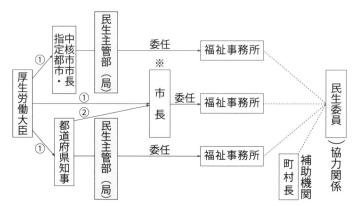

図2-1　生活保護の実施体制

厚生労働統計協会『国民の福祉と介護の動向　2015/2016』2015年、p.198 より筆者作成

（2）生活保護の実施

　生活保護は、原則本人又はその扶養義務者などが、保護の実施機関（福祉事務所）に申請することによって始まる。相談を担当する職員は、生活保護制度を説明するとともに、生活福祉資金貸付制度や各種社会保障制度等の活用についても説明、検討し助言を行う。

　そして、生活保護の申請がなされると、保護の要否を決定するため、①生活

状況等を把握するための家庭訪問等、②預貯金、保険、不動産等の資産（資力）調査、③扶養義務者による扶養の可否の調査、④年金等の社会保障給付の調査、⑤就労収入等の調査、就労の可能性の調査が行われる。

これらの調査結果に基づいて、原則として世帯を単位に保護の要否を決定し、それを申請者に文書で通知する。この決定については、申請があった日から14日以内に通知しなければならないとなっている。しかし、特別な理由がある場合は延長し30日以内に行う。

Ⅳ　低所得対策

低所得対策として、主に社会手当制度、公営住宅制度、生活福祉資金貸付制度がある。

（1）社会手当制度

社会手当は、社会保険と生活保護制度の中間的な位置づけで、保険料などを納めなくても受け取ることができる現金給付である。わが国の社会手当としては、児童手当、児童扶養手当、特別児童扶養手当、特別障害者手当、障害児福祉手当などがある。

（2）公営住宅制度

公営住宅は、憲法第25条（生存権の保障）の趣旨にのっとり、公営住宅法に基づき、国と地方公共団体が協力して、住宅に困窮する低額所得者に対し、低廉な家賃で供給されるものである。母子世帯、高齢者、障がい者などを対象とした住宅や低家賃住宅などがある。

（3）生活福祉資金貸付制度

「生活福祉資金貸付制度」は、低所得者や高齢者、障がい者の生活を経済的に支えるとともに、その在宅福祉及び社会参加の促進を図ることを目的とした貸付制度である。都道府県社会福祉協議会を実施主体として、県内の市区町村社会福祉協議会が窓口となって実施している。低所得世帯、障がい者世帯、高齢者世帯等世帯単位に、それぞれの世帯の状況と必要に合わせた資金、たとえば、就職に必要な知識・技術等の習得や高校、大学等への就学、介護サービスを受けるための費用等の貸付けを行う。

2015（平成27）年4月から新たに生活困窮者自立支援法が施行された。生活困窮者自立支援制度は、生活上のさまざまな課題を抱えた方に、包括的な相談支援を継続

的に行うことにより、自立の促進を図ることを目的としている。

＜参考文献＞
『平成 28 年版　社会保障の手引き　施策の概要と基礎資料』中央法規、2016 年
『2016 年度版　生活保護手帳』中央法規、2016 年
生活保護制度研究会編『平成 27 年度版　保護の手引き』第一法規、2015 年
日本弁護士連合会貧困問題対策本部編『生活保護法的支援ハンドブック』民事法研究会、2015 年

第3章　「食」と「社会福祉」

Ⅰ　「生活する」とは

　「生活する」の意味について『第6版　新明解国語辞典[1]』をみると、2つの意味が記されている。1つは、「生物が生きていて、からだの各部分が活動する」ことである。もう1つは、「社会に順応しつつ、何かを考えたり、行動したりして生きていく」、「狭義では、家族とともに食べていけるだけの収入が有る」ことである。つまり、「生活する」とは、人が生きていくために活動する、また、人が安定した暮らしができるように活動する」ということである。

　わが国は、このような生活する権利を「生存権」として、そしてそれを保障する「国民生活の社会的進歩向上に努める国の義務」を日本国憲法第25条に定めている。憲法第25条第1項には、「すべて国民は、健康で文化的な最低限度の生活を営む権利を有する」という生存権を定めている。第25条第2項には、「国は、すべての生活部面について、社会福祉、社会保障及び公衆衛生の向上及び増進に努めなければならない」という国民生活の社会的進歩向上に努める国の義務を定めている。

Ⅱ　生活するために必要なこと

　以上のような権利と義務が憲法によって保障されている。しかし、人が生活するには衣食住の保障が必要である。このうち、人が第一義的に必要なのは食の保障である。それにもとづく排泄、また、睡眠も必要であるが、食がなければ生命活動の維持はできない。食は、人が生きるために必要なことである。

　乳児は、母乳を飲むことから始まり、離乳食を摂るようになり、食物の味を経験し、覚え、成長に必要な栄養を摂取していく。食べるという行為のなかで、様々な味を覚

---

[1] 山田忠雄他『第6版　新明解国語辞典』三省堂、2008年、p.798

えるという経験ができる。食の保障は、楽しむという経験が含まれているといえる。様々な食物をみる、においを嗅ぐ、味わうことにより、食の充実を考えるきっかけにもなる。食事は、生活における楽しみであるといえよう。また、食の環境を整えることでコミュニケーションを育むきっかけをもたらす。

　食の環境は、家族構成、一緒に食べる人、調理の仕方、家庭で食べるのか外食するのかという場所によって変わってくる。食事は、一日の流れにおいて摂取時間が概ね決まっているので、生活のリズムを成り立たせることにもなる。三度の食事を規則正しく摂ることによって、日々の活動や睡眠などの生活のリズムが整ってくる。生活を計画的に行うことができるようになる。それは、生活の質（QOL）を向上させることになる。食事の内容が充実すると生活も充実する。食に満足すると精神的に安定してくる。生活に食が生かされ、一人一人の充実をもたらすので、食は生活するために必要といえる。

　そして、安定した生活をしていくには、健康であることが求められる。それには、食に関する情報収集、食べ方の工夫、調理方法の工夫などが必要である。そのために、食の在り方を考える必要がある。例えば、どのような栄養価のある食物を食べることが健康に良いのか、どのような環境で食べることが健康に良いのかを考えることである。その上で、子どもに対して、障害のある方に対して、高齢の方に対してどのような食事が望ましいのかを考える必要がある。

Ⅲ　食の保障のために行われていること

　人は、基本的には朝昼夜の三度の食事を摂取する。これがないと健康に影響するが、何らかの事情で生活のしづらさが生じた時、それが難しくなる。個人の食を阻害する要因は（図3-1）のとおりである。これよりみていくと、食を阻害する要因は、加齢や障害、経済困窮、家族関係の変化、制度の不備、食の知識不足、地域の状況変化、そして社会的孤立である。つまり、生活が安定しないために食の保障がなされないということである。食の保障のためには、生活に関する保障が必要である。

第 3 章 「食」と「社会福祉」

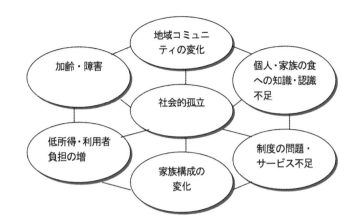

図 3-1　個人の食を阻害する要因
東京都社会福祉協議会　地域福祉推進委員会「提言Ⅱ：福祉的支援に関する提言」
『地域福祉推進に関する　提言　2007』2007 年、p.15
http://www.tcsw.tvac.or.jp/info/report/teigen/2007.html
（2018 年 7 月 16 日）

　そこで、生活の場において食の保障のためにどのようなことが行われる必要があるのかについて、事例にもとづいてみていくことにする。[2]

＜事例 1　パーキンソン病に罹った女性の例＞
　パーキンソン病の進行で箸やスプーンが使えなくなる。また、手で食べられるものをつくってもらってもこぼしてしまい、食事のマナーが悪くなってしまう。それにより、人に食事の場面をみられることが苦痛になり、デイサービス（通所介護）を拒むようになる。

＜事例 2　一人暮らしの高齢者の例＞
　デイサービス利用時に提供される食事を楽しみにしている。しかし、朝晩は、買ってきたもので食事をしている。デイサービス職員が食事の食べ残しがあることに気付き、家の状況を確認すると、十分な食事がとれていない状況がある。

---

2) 事例に関しては、個人情報に抵触しないよう、次の文献の内容を参考にして述べている。
右谷亮次「第 1 章　生活を支える『食』と『社会福祉』」岩松珠美、三谷嘉明編『五訂　栄養士・管理栄養士をめざすひとの社会福祉』みらい、2015 年、pp.14-15
小野有紀「第 5 章　第 2 節児童福祉施設における食事と栄養」新保育士養成講座編纂委員会編『第 8 巻　子どもの食と栄養』全国社会福祉協議会、2013 年、pp.188-204

以上のような状況が把握できた場合、栄養バランスが整った食事の提供により、生活を支えていく必要がある。個人の体調や好みなどを把握して配食サービスを紹介し、その利用をもたらす働きかけが必要である。それにより、栄養状態の改善を図り、体調の安定を促すことができる。配食サービスの利用につながったら、配達職員は、当事者と毎日顔を合わせることになるので安否確認をすることができる。利用者が人と関わることで、再びデイサービスが利用できるようになる可能性もあるし、孤立しないための予防ができる。複数の人たちと食事をすること、コミュニケーションをとること、それらが生活の質（QOL）の向上をもたらすこととなる。他者と一緒に食事をする環境を整えることで孤食をなくし、それによって、社会的な孤立を防ぐことができる。

＜事例3　両親が共働きの小学生の例＞
　保護者が夜間働いていたので、夕食をつくって置いていてもインスタントやレトルト食品で済ませてしまい、食事らしい食事ができていなかった。その結果、野菜が食事として出てくることはなく、口にすることがなくなった。それにより、嗜好に合う食品以外の食品を食べようとせず、バランスのとれた栄養を摂取することができない状況になった。

　以上のような状況の把握ができた場合、給食関係職員の助言を得て、小学校教職員が児童に働きかけるとともに、保護者にも協力を働きかける必要がある。保護者に対して食をきっかけに働きかけることで、子育てに関する不安等、養育に関する話が出てくることもある。そのような関係ができれば、虐待の予防にもつながり、児童の暮らしの安定をもたらすことになる。
　これらのことから、食に関する情報提供を行い、当事者が地域におけるサービスの把握ができる情報をもたらし、利用のきっかけをつくっていくことができる。これは、生活支援にもつながる。ホームヘルパーを活用している家庭であれば、献立の立て方を伝えたり、栄養士から助言を受けてカロリーについて伝えたりして、食事を自分でつくるように働きかけ、生活の自立をもたらすことにもなる。また、食の提供は、様々な団体が実施するので、地域で支えるためのネットワークを築くことになり、それが各家庭を支えることになり、地域福祉推進ということになる。
　そして、食の保障は健康維持をもたらすことになり、生活の安定をもたらす。さらに、人と関わるきっかけにもなるので、コミュニケーションを高めることになる。支援をする者が状況を把握することになるので、見守り支援を行うことにもなる。状況把握をして、必要なニーズを把握する、そして、サービスの利用を働きかけるということである。食の安定に向けての支援は生活支援となり、「地域福祉推進に関する提言2007」の中で示す「食の福祉的支援に関する提言」にある機能を発揮するようになる（図

3-2)。健康維持と食の改善を図ることで生活のリズムを整える、コミュニケーションを深めるとともに見守り支援をする、状況把握、情報提供を行うのである。それにより、利用者がサービスを利用しやすいようにして、地域への参加を促進するということである。食の保障は、利用者にとって、生活の質（QOL）を高めるきっかけをもたらす。

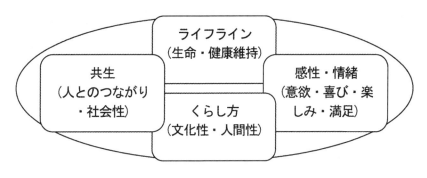

図 3-2　食の福祉的支援の持つ機能
p.27 の図 3-1 に同じ

　支援者は、デイサービス、配食サービス、ホームヘルプサービスなどを用いて食を保障をする。先述のとおり、生活の質（QOL）を保障するためには、食の保障だけでなく、その環境を整えるということでもある。

　特に、栄養士は、利用者の生活場面から食の状況について把握できる社会福祉関係者に、その状況を聞いて食に関する指導を専門的に実施することができる。栄養士は、食の保障のために、福祉関係者との連携がますます求められてくる。

Ⅳ　社会福祉施設における食の保障

　食の保障は健康を維持するためにあるとともに、食の環境を整えることで生活の安定をもたらす。例えば行事があった場合に、行事食を提供することで生活に変化をもたらすことができる。それは、利用児・者の成長をもたらすためにある。また、健康であること、高齢者福祉施設であれば長寿を願うことにもつながる。このように、福祉施設での食の保障は、そこで生活する利用児・者に充実した生活環境をもたらすことになる。ここでは、保育所、乳児院、児童養護施設、障害児入所施設、また、障害者支援施設について述べる。

1 保育所

　保育所では、子どもの発達段階にもとづいて食事を提供する必要がある。栄養士は、離乳食が必要か、食物アレルギーへの対応が必要か等の配慮を行うことになる。また、厚生労働省は、2004（平成16）年に「保育所における食育に関する指針」で、3歳以上児に対する食育のねらいを「食と健康」、「食と人間関係」、「食と文化」、「いのちの育ちと食」、「料理と食」であらわしている（表3-1）。これらはすべて、生活に必要な基本的な習慣と関連づけて示されている。

表3-1　食育のねらい

「食と健康」
①できるだけ多くの種類の食べものや料理を味わう。
②自分の体に必要な食品の種類や働きに気づき、栄養バランスを考慮した食事をとろうとする。
③健康、安全など食生活に必要な基本的な習慣や態度を身につける。

「食と人間関係」
①自分で食事ができること、身近な人と一緒に食べる楽しさを味わう。
②様々な人々との会食を通して、愛情や信頼感を持つ。
③食事に必要な基本的な習慣や態度を身につける。

「食と文化」
①いろいろな料理に出会い、発見を楽しんだり、考えたりし、様々な文化に気づく。
②地域で培われた食文化を体験し、郷土への関心を持つ。
③食習慣、マナーを身につける。

「いのちの育ちと食」
①自然の恵みと働くことの大切さを知り、感謝の気持ちを持って食事を味わう。
②栽培、飼育、食事などを通して、身近な存在に親しみを持ち、すべてのいのちを大切にする心を持つ。
③身近な自然にかかわり、世話をしたりする中で、料理との関係を考え、食材に対する感覚を豊かにする。

「料理と食」
①身近な食材を使って、調理を楽しむ。
②食事の準備から後片付けまでの食事づくりに自らかかわり、味や盛りつけなどを考えたり、それを生活に取り入れようとする。
③食事にふさわしい環境を考えて、ゆとりある落ち着いた雰囲気で食事をする。

厚生労働省雇用均等・児童家庭局保育課長
「楽しく食べる子どもに〜保育所における食育に関する指針〜（概要）」2004年より筆者作成
http://www.mhlw.go.jp/shingi/2007/06/dl/s0604-2k.pdf（2018年7月16日）

2　乳児院

　乳児院では、入所前の養育環境が適切でないために、食に関する状況が整っているとはいえない状況の利用児が入所してくる。乳幼児期は食の基礎となる時期であるが、その基礎が十分に保障されていないため、乳児院で栄養状態の改善に努め、食の環境を整えていく必要がある。乳児院では、保育士、看護師、心理療法担当職員、調理担当職員をはじめとする専門職が連携をとりながら乳幼児のケアにあたることになる。それぞれの専門職が、離乳食への移行時期、アレルギーや障害等による個別対応などの配慮について、互いに伝達しあったうえで食事の提供ができるようにする必要がある。

3　児童養護施設

　児童養護施設で生活する利用児にとって、安定した生活ができる場所を提供する必要がある。利用児の状況に合わせた食の提供をすることで、生活リズムを整えることにつながる。利用児があつまり、一緒に食事をすることで、コミュニケーションを深めることになり、人間関係の構築につながることになる。そのために、そこで働く職員は、食事マナー、食文化、調理や栄養面の知識などを利用児に伝え、心身共に健康な生活を送ることができるように支援する必要がある。保育士や児童指導員は、施設において利用児と生活を共にする時間が長いので、彼らへの影響が大きい。栄養士は、利用児に対する栄養や食に関する支援をすると同時に、保育士や児童指導員等と連携し、利用児に対して食の環境を整えていく必要がある。

4　障害児入所施設・障害者支援施設

　障がい児・者系施設で生活する利用児・者については、彼ら一人一人の障害特性に応じて食の提供をする必要がある。利用児・者が健康で質の高い生活を送るためには、食の安定が重要である。利用児・者が自立した生活を営み、将来の自己実現をもたらすためには、障がい児・者一人一人の栄養状態の維持や食生活の質向上を図る必要がある。栄養士には、彼ら一人一人の栄養や健康状態に視点をあてた栄養ケア・マネジメントの実施が求められる。摂食や嚥下機能に障害のある利用児・者が、安全に食事ができるようになるために口腔機能や体調にあった食の提供をもたらす必要がある。

　栄養士は、以上のような状況を考慮した上で栄養量を確保するような献立をつくる必要がある。それにもとづいて、保育士や児童指導員などが人間性や社会性を育てるために、食事の準備や後片付けをみんなで行うように働きかける。また、食事のマナ

ーを確認する。栄養士は、安全で安心な食事ができるよう子どもの発達段階に応じた献立をたてる。また、衛生管理に気をつける。栄養士が施設で働く意義は、施設における職員との連携のもとで利用児・者の食を保障し、生活の安定をもたらす働きかけをする役割にある。

V 食の保障と生活の保障との関係

　食と生活の保障の関係をみていくと、高齢者分野では、栄養改善とコミュニケーションを深めるための配食サービスや会食を働きかける対応がある。食事の提供と併せ、生活の自立支援のために、献立の立て方や調理の方法を伝えている。

　障がい者分野では、栄養バランスを考えた食事の方法を伝えるとともに、献立や調理について働きかけを行い、自立支援計画を立てている。

　わが国は、少子高齢社会に対応するために、「子ども・子育て支援法」をはじめとする様々な策を打ち出している。併せて、生活の安定には食の安定が必要である。栄養士は、人々の食の安定のために、一人一人のニーズを把握し、健康に過ごせるように食にもとづく支援をする必要がある。どのような食物をどのように調理して、摂取するのかを考えることが食の保障となり、生活の保障になるということである。

　また、ホームヘルパーの業務の中に食事介助がある。一人一人の生活において、食はそれぞれの価値観を形成するので、ニーズに合わせて対応する必要がある。図3-3にもあるように、食の保障は生命を維持し、健康で過ごし、他者とのつながりを深め、そこから派生する人間関係を安定したものにし、暮らしの安定をもたらすということである。

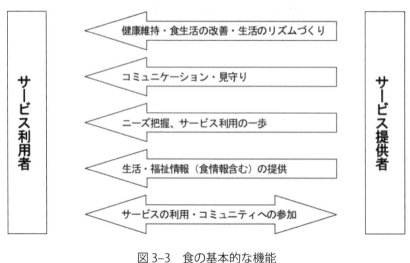

図3-3　食の基本的な機能
p.27の図3-1に同じ

特に、在宅生活の場合、高齢者は高齢化による体力の低下、障害のある方の場合は障害による体調面での制約のもと、地域で生活している。食の保障がないと体調に影響が生じ、生活の安定が難しくなりその結果、日常生活動作（ADL）が低下し、生活の質（QOL）が保てなくなる。人が生活する中では食が欠かせない。ホームヘルパーは、栄養に関する知識、利用者の経済状況、生活環境を把握する必要があり、そのために、栄養士との連携が必要になってくる。

栄養士の仕事において、個人的な食と生活の状況を知らなければ一人一人の栄養状態を理解することはできない。食は生きることを確保すること、そして人間関係を築いていく手段でもある。そのため他の専門職と連携して食を保障する必要がある。食に関しての相談を受け、助言するということであり、生きていくうえで必要な食とその栄養を考え、健康に過ごせるようにする必要がある。

以上のように、栄養士が社会福祉を学ぶことは、生活において食に関する状況を把握することで人々の健康に貢献することから必要不可欠であるといえる。生活する中で生じた食に関する環境を整えることは、人々に健康をもたらし、自立支援を促すことになる。

＜参考文献＞

右谷亮次「第1章 生活を支える『食』と『社会福祉』」岩松珠美、三谷嘉明編『五訂 栄養士・管理栄養士をめざすひとの社会福祉』みらい、2015年、pp.13-23

大塚彰編『高齢者・障害者の「食」の援助プログラム 食べる・食べさせる・たべさせてもらう－』医歯薬出版株式会社、1998年

小野有紀「第5章 第2節児童福祉施設における食事と栄養」新保育士養成講座編纂委員会編『第8巻 子どもの食と栄養』全国社会福祉協議会、2013年、pp.188-204

厚生労働省雇用均等・児童家庭局母子保健課「児童福祉施設における食事の提供ガイド－児童福祉施設における食事の提供及び栄養管理に関する研究会報告書－」2010年
http://www.mhlw.go.jp/shingi/2010/03/s0331-10a.html（2016年8月21日）

厚生労働省雇用均等・児童家庭局保育課長「楽しく食べる子どもに～保育所における食育に関する指針～（概要）」、2004年 http://www.mhlw.go.jp/shingi/2007/06/dl/s0604-2k.pdf（2018年7月16日）

佐藤悦子他『食の福祉的支援に関する調査研究報告書 食の福祉的支援 在宅高齢者や障害者のくらしを支えるために』社会福祉法人東京都社会福祉協議会、2007年

社団法人日本栄養士会 全国福祉栄養士協議会編『福祉施設の行事食ガイド』第一出版、1995年

保育福祉小六法編集委員会編『保育福祉小六法 2019年版』みらい、2019年

第4章 「子ども」の人権と「社会福祉」
― 保育士が社会福祉を学ぶ目的とその意義 ―

I 社会福祉の歴史から考える保育士

1 戦前の保育

　保育士資格取得を目指す学生から「なぜ社会福祉の勉強をしないといけないのだろう」と質問を受けることがある。「保育のことをもっと知りたいけど、そもそもなぜ『福祉』の授業があるのだろうか」と疑問に思う人も多いようである。実は、社会福祉と保育は関係が非常に深い。現在は地域や家庭での子育て機能の弱体化や、子どもを取り巻く問題の多様化により、保育士には社会福祉の知識、ソーシャルワークの技術がますます必要とされているのである。そこで、過去から現代に至る社会福祉と保育の歴史から、保育士が社会福祉を学ぶ目的や意義について考えてみよう。

　保育事業は戦前から慈善事業的に篤志家等により行われていた。しかし、現在のように「養護と教育」ではなく「養護や保護」という側面が強いものであった。例を挙げると、児童養護施設の前身と言われる石井十次による「岡山孤児院」（1887（明治20）年）、赤沢鐘美・仲子夫妻による働くことのできない母親に対して幼児を預かる託児所（保育所の前身）「守孤扶独幼稚児保護会」（1890（明治23）年）、石井亮一による日本で最初の知的障害児施設「滝乃川学園」（1891（明治24）年）、非行少年の教育と支援をした児童自立支援施設の前身と言われる留岡幸助による「家庭学校」（1899（明治32）年）、貧民児に対して良い境遇で教育を受けさせるために行った野口幽香・森島峰による「双葉幼稚園」（1900（明治33）年）などが代表的なものである。当時は、現在のように子どもそのものの人権尊重の考えは薄く、子どもの人権は親が握っており、貧しい家庭では、労働力のひとつとして考えられていた。

2　戦後の社会福祉と保育

　終戦後、保育事業は大きな変革を迫られた。その理由は、戦災孤児、浮浪児の急増であった。子どもたちの保護や養護・養育は急務となったことで、1947（昭和22）年に児童福祉法が制定され、児童相談所の設置や児童福祉施設の整備が定められた。そのなかで、児童の保育に従事する者が「保母」と規定され、任用資格となった（保育士の前身）。このように、慈善事業から社会福祉事業として整備されていき、保育に携わる専門職が生まれたのである。

　次に、わが国の社会福祉事業は、1951（昭和26）年の社会福祉事業法により第1種社会福祉事業と第2種社会福祉事業に分けられた。第1種社会福祉事業は利用者への影響が大きく、経営安定を通じた利用者保護の必要性が高い事業である。主として入所施設サービスが多く、乳児院、母子生活支援施設、児童養護施設、障害児入所施設・障害者支援施設などがある。第2種社会福祉事業は比較的利用者への影響が小さく、公的規制の必要性が低い事業である。主として在宅サービスが多く、障害児・者の通所施設、保育所などがある。こうして、保育所は第2種社会福祉事業に位置付けられた。

　このように、児童福祉施設等で働く保育士は福祉領域の専門職であることから、社会福祉についての理解を深める必要があることがわかる。

　保育士養成課程の「社会福祉」は保育の本質・目的に関する科目として、5つの達成目標がある。（「指定保育士養成施設指定基準」2018（平成30）年4月一部改正より）

　内容は以下の通りである。

① 現代社会における社会福祉の意義と歴史的変遷及び社会福祉における子ども家庭支援の視点について理解する。
② 社会福祉の制度や実施体系等について理解する。
③ 社会福祉における相談援助について理解する。
④ 社会福祉における利用者の保護に関わる仕組みについて理解する。
⑤ 社会福祉の動向と課題について理解する。

　このように、「社会福祉」は、我々が生活している社会全般の流れを理解し、社会の中で自分らしく幸せな生活を実現していくために直結した項目であり、学ぶ重要性は高い。

Ⅱ　社会福祉を担う保育士の役割

1　保育士とは

　福祉領域の専門職である保育士は、児童福祉法で規定されている。
　保育士とは、児童福祉法に基づき、「登録を受け、保育士の名称を用いて専門的知識

及び技術をもって、児童の保育及び児童の保護者に対する保育に関する指導を行うことを業とする者」をいう（児童福祉法第18条の4）。保育士は「保母」の名称が長く用いられ、1977（昭和52）年には男性にも準用された。その後、男性の保育現場への進出や、「男女がともに育児を行う」という意識の高まりなどを受けて、1999（平成11）年4月から「保育士」として男女共通名称に変更された。そして、2001（平成13）年11月の「児童福祉法を一部改正する法律」により、保育士の定義に、「児童の保育（養護と教育）」だけでなく、「保護者に対する保育に関する指導」が明示されたことで、保護者の相談援助機能を強化し、家庭を支え、「子どもの最善の利益」を考えた生活の保障を行うことが求められた。そして、同法の改正を受け、2003（平成15）年11月より名称独占資格として規定され、国家資格となり、今まで以上に専門性が求められるようになった。

保育士の職域は、主として児童福祉施設である。その中では保育所で働く保育士が多い。その他、認定こども園、乳児院、児童養護施設、児童厚生施設、障害児入所施設、児童発達支援センター、児童心理治療施設、児童自立支援施設などがある。また、母子生活支援施設の母子支援員や、放課後児童支援員の資格要件として定められている。

2　家庭及び地域の支援

では、保育士には具体的にどのような役割が求められているのだろうか。

我が国では、家庭及び地域を取り巻く環境が年々変化してきている。高度経済成長期からは、人口は都市に集中し、核家族化が進み、居住形態も変化した結果、乳児、幼児を抱えた家庭が祖父母に子育ての助言を受けたり、手助けを受けたりする機会も減少した。近隣同士のつながりも希薄化するなかで、地域互助力や子育て機能も低下していった。

そのような中で、1998（平成10）年の、児童福祉法一部改正で、保育士による子育て支援のひとつとして、子育てや家庭の育児不安を解消するための相談・助言や、育児サークル支援、育児講座の開催など、地域の子育てを支援する努力義務が加えられた。また、2000（平成12）年の新エンゼルプランでは、「保育等子育て支援サービスの充実」を掲げ、保育所による育児相談・育児講座・園庭開放など、地域の中での子育て機能の強化も求められるようになった。このように、保育所は入所している子どもだけでなく、家庭の中の子ども、そして保護者、また、入所していない地域の子どもたちの子育て支援に貢献することが求められ、そこで働く保育士も同様の支援ができるように、知識や技術を身に付ける必要がでてきた。

2000（平成12）年以降も子育てや保育を取り巻く社会状況はめまぐるしく変化し、子育て支援の充実が求められた。2005（平成17）年の子ども・子育て応援プラン、2008（平成20）年の新待機児童ゼロ作戦等の取り組みがなされた。2015（平成27）

年には「子ども・子育て支援新制度」において、地域のすべての子育て家庭を対象に、地域のニーズに応じた様々な子育て支援の形が生まれている。例えば、地域型保育の一つ「事業内保育」は、会社の保育施設などで、従業員の子どもと地域の子どもを一緒に保育する形や、公共施設や保育所などで気軽に親子の交流や子育て相談ができる「地域子育て支援拠点」、子育て家庭や妊産婦の困りごと等に合わせて、情報の提供や支援の紹介等を行う「利用者支援」などが進められている。以上のように、家庭や地域の子育て支援を担う専門職として保育士は、地域福祉の状況に理解を深めることが求められている。

3　ソーシャルワーク機能が求められる保育士

子育てに関するニーズも多様化している。図4-1の児童相談所における相談の種類別対応件数から、家庭や地域が抱える問題をとらえてみよう。

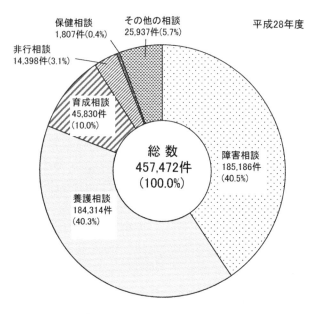

図4-1　児童相談所における相談の種類別対応件数
厚生労働省「平成28年度福祉行政報告例の概況」

厚生労働省「平成28年度　福祉行政報告例の概況」によると、児童相談所における2016（平成28）年度の相談対応件数は457,472件となっている。そして、相談の種類別にみると、「障害相談」が185,186件（構成割合40.5％）と最も多く、次いで「養護相談」が184,314件（同40.3％）、「育成相談」が45,830件（同10.0％）となっている。その中でも、「養護相談」の構成割合は年々増加している傾向にある。その理

第4章 「子ども」の人権と「社会福祉」－保育士が社会福祉を学ぶ目的とその意義－

由の一つに児童虐待がある。平成28年度中に児童相談所が対応した養護相談のうち児童虐待相談の対応件数は122,575件で、前年度に比べ19,289件（18.7％）増加している。被虐待者を年齢別にみると、「7～12歳」が41,719件（構成割合34.0％）と最も多く、次いで「3～6歳」が31,332件（同25.6％）、「0～2歳」が23,939件（同19.5％）となっている（表4-1）。

表4-1 被虐待者の年齢別対応件数の年次推移

（単位：件）

	平成24年度		25年度		26年度		27年度		28年度		対前年度	
		構成割合(%)		構成割合(%)		構成割合(%)		構成割合(%)		構成割合(%)	増減数	増減率(%)
総　数	66 701	100.0	73 802	100.0	88 931	100.0	103 286	100.0	122 575	100.0	19 289	18.7
0～2歳	12 503	18.7	13 917	18.9	17 479	19.7	20 324	19.7	23 939	19.5	3 615	17.8
3～6歳	16 505	24.7	17 476	23.7	21 186	23.8	23 735	23.0	31 332	25.6	7 597	32.0
7～12歳	23 488	35.2	26 049	35.3	30 721	34.5	35 860	34.7	41 719	34.0	5 859	16.3
13～15歳	9 404	14.1	10 649	14.4	12 510	14.1	14 807	14.3	17 409	14.2	2 602	17.6
16～18歳	4 801	7.2	5 711	7.7	7 035	7.9	8 560	8.3	8 176	6.7	△ 384	△ 4.5

注：平成27年度までは「0～2歳」「3～6歳」「7～12歳」「13～15歳」「16～18歳」は、それぞれ「0～3歳未満」「3歳～学齢前」「小学生」「中学生」「高校生・その他」の区分の数である。

図4-1に同じ

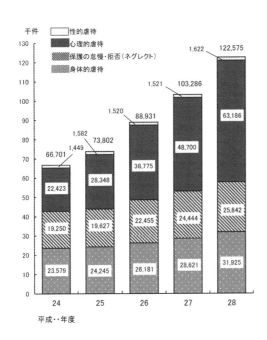

図4-2 児童虐待の相談種別対応件数の年次推移

図4-1に同じ

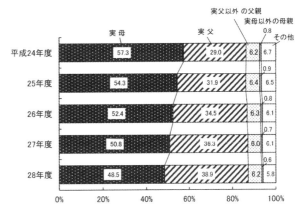

図4-3 児童相談における主な虐待者別構成割合の年次推移

図4-1に同じ

表4-2 児童相談所が受け付ける相談の種類及び主な内容

養護相談	1．養護相談	父又は母等保護者の家出、失踪、死亡、離婚、入院、稼働及び服役等による養育困難児、棄児、迷子、虐待を受けた子ども、親権を喪失した親の子、後見人を持たぬ児童等環境的問題を有する子ども、養子縁組に関する相談。
保健相談	2．保健相談	未熟児、虚弱児、内部機能障害、小児喘息、その他の疾患（精神疾患を含む）等を有する子どもに関する相談。
障害相談	3．肢体不自由相談	肢体不自由児、運動発達の遅れに関する相談。
	4．視聴覚障害相談	盲（弱視を含む）、ろう（難聴を含む）等視聴覚障害児に関する相談。
	5．言語発達障害等相談	構音障害、吃音、失語等音声や言語の機能障害をもつ子ども、言語発達遅滞、学習障害や注意欠陥多動性障害等発達障害を有する子ども等に関する相談。ことばの遅れの原因が知的障害、自閉症、しつけ上の問題等他の相談種別に分類される場合はそれぞれのところに入れる。
	6．重症心身障害相談	重症心身障害児（者）に関する相談。
	7．知的障害相談	知的障害児に関する相談。
	8．自閉症等相談	自閉症若しくは自閉症同様の症状を呈する子どもに関する相談。
非行相談	9．ぐ犯等相談	虚言癖、浪費癖、家出、浮浪、乱暴、性的逸脱等のぐ犯行為若しくは飲酒、喫煙等の問題行動のある子ども、警察署からぐ犯少年として通告のあった子ども、又は触法行為があったと思料されても警察署から法第25条による通告のない子どもに関する相談。
	10．触法行為等相談	触法行為があったとして警察署から法第25条による通告のあった子ども、犯罪少年に関して家庭裁判所から送致のあった子どもに関する相談。受け付けた時には通告がなくとも調査の結果、通告が予定されている子どもに関する相談についてもこれに該当する。
育成相談	11．性格行動相談	子どもの人格の発達上問題となる反抗、友達と遊べない、落ち着きがない、内気、緘黙、不活発、家庭内暴力、生活習慣の著しい逸脱等性格もしくは行動上の問題を有する子どもに関する相談。
	12．不登校相談	学校及び幼稚園並びに保育所に在籍中で、登校（園）していない状態にある子どもに関する相談。非行や精神疾患、養護問題が主である場合等にはそれぞれのところに分類する。
	13．適性相談	進学適性、職業適性、学業不振等に関する相談。
	14．育児・しつけ相談	家庭内における幼児のしつけ、子どもの性教育、遊び等に関する相談。
	15．その他の相談	1～14のいずれにも該当しない相談。

厚生労働省「児童相談所の運営指針について」

相談の種別をみると、「心理的虐待」が 63,186 件と最も多く、次いで「身体的虐待」が 31,925 件「ネグレクト」が 25,842 件となっている（図 4-2）。また、主な虐待者別構成割合をみると「実母」が 48.5％と最も多く、次いで「実父」38.9％となっており、「実父」の割合が年々増加している（図 4-3）。

表 4-2 は児童相談所が受け付ける相談の種類及び主な内容の説明である。例えば、「育児ノイローゼやパニック障害のためうまく子育てできない」「ひとり親の新しいパートナーがしつけといい暴力を振るう」「ママ友や保育所などで、子どもが何か変と言われるがどうしたらいいかわからない」「近隣の子どもが学校へ行っていない。よく泣き声が聞こえる」等様々な問題が寄せられている。このように、子どもの子育てに関する問題とニーズは多様化している。

そこで、保育士は、児童虐待、ひとり親の子育て、障がいのある子どもの保育、貧困、災害発生等の様々な問題やニーズに対し、適切に相談に応じ、助言や支援を行いつつ、他の関係機関の福祉専門職や医療関係職と連携を図り、問題の解決、生活支援をしていくことが求められている。連携においては、社会福祉士、保健師、心理士、看護師、学校教諭、精神保健福祉士、言語聴覚士、理学療法士、作業療法士、介護福祉士、栄養士、民生委員、児童委員等、多様であり、各分野についての知識も必要であることがわかる。それによって、問題を抱えた子どもを、適切な機関や専門職につなぎ、子どもの生活の安定を総合的に支援することができるのである。

4　近年の保育士を取り巻く状況

保護者の就労の有無による利用施設の限定や待機児童の増加、地域や家庭での子育て機能の低下などに対応するため、2012（平成 24）年 8 月に、子ども・子育て関連 3 法（「子ども・子育て支援法」、「就学前の子どもに関する教育、保育等の総合的な提供の推進に関する法律の一部を改正する法律」、「子ども・子育て支援法及び就学前の子どもに関する教育、保育等の総合的な提供の推進に関する法律の一部を改正する法律の施行に伴う関係法律の整備等に関する法律」）が成立し、2015（平成 27）年 4 月から、「子ども・子育て支援新制度」が始まった。

「すべての家庭が安心して子育てができ、子どもたちが笑顔で成長していくために、幼児期の学校教育や保育、地域の子育て支援の量の拡充と質の向上を進めて行く」（内閣府）という国の方針も打ち出された。その取り組みの一つとして、幼稚園と保育所の機能や特長をあわせ持ち、地域の子育て支援も行う施設として「認定こども園」、待機児童が特に多い 0 ～ 2 歳の子どもを少人数で保育する「地域型保育」が新設された。また、子育て支援対策としては、「利用者支援」「乳児家庭全戸訪問」「ファミリー・サポート・センター」「子育て短期支援（ショートステイ、トワイライトステイ）」「養育支援訪問」などの取り組みが進められている。また、「仕事・子育て両立支援」や「病

児保育」なども 2016（平成 28）年度に新たに創設され、女性が働きながら子育てがしやすい環境等の整備がなされている。

　幼保連携型認定こども園に配置される職員は、原則として幼稚園教諭の普通免許状と保育士資格の両方を有する「保育教諭」であることが必要であると規定されるなど、今後、保育士には、「養護と教育を一体的に行う」知識・技術や、地域の子育てを支える相談援助能力を持ち合わせていくことも望まれている。

　以上、保育の歴史や社会状況、保育士に求められるニーズ等をみてきた。保育士が子どもや保護者、地域を支え、「社会福祉を担う」大切な仕事だということが理解できたであろう。

　我が国の社会福祉の根幹は、基本的人権の尊重にある。憲法第 25 条の生存権において「すべて国民は、健康で文化的な最低限度の生活を営む権利を有する。」「すべての生活部面について、社会福祉、社会保障及び公衆衛生の向上及び増進に努めなければならない。」とある。

　保育所保育指針（2017 年（平成 29）年 3 月 31 日改正）において、保育所の役割の 3 つ目に「保育所は、入所する子どもを保育するとともに、家庭や地域の様々な社会資源との連携を図りながら、入所する子どもの保護者に対する支援及び地域の子育て家庭に対する支援等を行う役割を担うものである。」とある。また、厚生労働省によって出されている保育所保育指針解説の保育所の社会的責任を要約すると、遵守すべきことは、①「子どもの人権の尊重」、②「地域交流と説明責任」、③「個人情報の保護と苦情解決」と明示されている。

　現在、基本的人権、そして子どもの人権が脅かされる問題とニーズが多様化していることも学んできた。子どもの生活そのものを支援する保育士は、ますます重要な役割を担っているのである。

（名定　慎也）

Ⅲ　子どもの人権

1　子どもの人権とは

　社会福祉の根幹は、「基本的人権の尊重」であるのは前述した通りであり、大人の人権と同様に「子どもの人権」も尊重されなければならないのは、言うまでもない。近年、子どもの人権が著しく侵害される事件が、社会の中で蔓延してきているのは、嘆かわしいことである。虐待に関する相談件数は年間 1 万件ずつ増加しているという社会現象があり、その経緯において虐待死に至る事案もあり看過できない状況である。

　こうした社会現象の背景には、大人（養育者を含む）の「誤った『子ども観』」が潜

んでいるのではないかと考えられる。以下のような大人が決めつけている「子どもの姿・子どもの成長・子どもの発達」等を見直さないといけないのではないだろうか。
　①子どもは未発達で自力で判断する力がなく、大部分は大人が指示しなくては何もできない。
　②子どもは、保護・養護される立場にあり、大人の考えに従うのは当然である。
　③子どもには、自分なりの意見を言う能力も権利もない。
　④子どもは、体罰でしつけをされても仕方がない面がある。
　⑤子どもは、大人の示した考えに従属すべきで、考え方の選択肢などはない。
　⑥子どもは体力的にも大人にはかなわず、反抗することは許されない。
　このような「誤った『子ども観』」のために、「子どもに何が分かる」「子どものくせに」と考えて子どもの意見や価値観を認めず、本来子どもが有している「子どもの人権」が著しく侵害される状況が生み出されかねない。「人権」＝「すべての人々が生命と自由を確保し、それぞれの幸福を追求する権利」「人間が、人間らしく生きる権利として、生まれながらにして持っている権利」が全ての人にあり、大人のためだけでなく子どもにも、「子どもの人権」としても尊ばれなければならない。

2　子どもの人権を擁護する法律・条例とは

　ここで、改めて「子どもの人権」を擁護している法律・条約等を列挙する。

■日本国憲法 1947（昭和22）年5月3日施行
　○憲法第11条：基本的人権の享有
　「国民は、すべての基本的人権の享有を妨げられない。この憲法が国民に保障する基本的人権は、侵すことのできない永久の権利として、現在及び将来の国民に与へられる。」
　○憲法第13条：生命、自由及び幸福追求の権利
　「すべて国民は、個人として尊重される。生命、自由及び幸福追求に対する国民の権利については、公共の福祉に反しない限り、立法その他の国政の上で、最大の尊重を必要とする。」
　○憲法第18条：奴隷的拘束の禁止
　「何人も、いかなる奴隷的拘束も受けない。又、犯罪に因る処罰の場合を除いては、その意に反する苦役に服させられない。」
　○憲法第25条：生存権
　「すべて国民は、健康で文化的な最低限度の生活を営む権利を有する。」

■世界人権宣言　1948（昭和23）年12月　国際連合総会で採択

■国際人権規約　1966（昭和41）年12月　国際連合総会で採択

■児童の権利に関する条約（子どもの権利条約）
　　　　　　1989（平成元）年11月　国際連合総会で採択
　　　　　　1994（平成6）年4月　日本で批准　5月発効
　○第2条：「あらゆる差別の禁止」
　　　　　人種や肌の色、性別、考え方、障害の有無、保護者の地位などで差別されない。
　○第3条：「子どもの最善の利益確保」
　　　　　"子どもにとって最もよいことは何か？"を軸に物事を考える必要がある。
　○第6条：「生命・生存・発達への権利」
　　　　　国は子どもの命を守り成長のため、最大限の努力をすること。
　○第12条：「意見表明権」
　　　　　「子どもだから」と子どもの意見を無視したり、馬鹿にしたりしない。
　○第13条：「表現の自由」
　　　　　子どもは、自分の考えや心情を自由に表現することができる。
　○第16条：「プライバシーの権利」
　　　　　誰にも知られたくない、自分たちだけの秘密を守らなければならない。
　○第19条：「虐待の禁止」
　　　　　あらゆる形態の身体的・精神的暴力から子どもは保護される。

■子どもの権利条例（全国各自治体にて制定）
　○川崎市子どもの権利に関する条例　2000（平成12）年12月策定
　○金沢市子ども条例 2001（平成13）年12月策定
　○高知県子ども条例 2004（平成16）年8月策定

■保育所保育指針　2017（平成29）年改訂
　保育所保育指針は、乳幼児の生活の変化を踏まえて見直しが重ねられており、「児童虐待などへの対応」の項目が設けられ、具体的な虐待発見の手がかり、関係機関との連携、入所児童に虐待が疑われる状況が見られる場合、保育士としての保護者への対応も記述されている。

■児童虐待の防止等に関する法律　2000（平成12）年5月施行　2004（平成16）年、2007（平成19）年 改正。
　児童虐待が児童の心身の成長及び人格の形成に重大な影響を与えることから、児

童に対する虐待の禁止、被虐待児の保護、児童虐待の早期発見・早期対応、防止等の施策推進等を規定している。改正を重ね、虐待通告義務、親権停止などが加えられた。

以上のように、様々な法律や条例等で「子どもの人権」が擁護されていても、社会構造が複雑になり、人と人とのコミュニケーションや親子関係が希薄になって来ている現代において、子どもの人権侵害問題が発生している。保育士という職種が日々の業務遂行の中で、人権擁護という視点で果たす役割は大きい。

Ⅳ 子どもの人権を擁護する保育士として望まれること

1 子どもの人権意識を高めるために

保育士が向き合う0～5歳児に対して、幼児の頃から人権意識・人権感覚を育成することは重要である。特に、自我が芽生える3～5歳児には、いろいろな友だちがいて、友だちにはみんな違いがあり、それらを認めることができる感性が、幼児の人権感覚の醸成につながってくると言える。

○一人一人の違いを受け入れることができる、幼児の感性を高める。
　「みんなちがって、みんないい」[1]という言葉のある通り、「肌の色の違い」「体力の違い」「背丈の違い」「声の違い」など、個々人の違いを受け入れるように働きかける。友だちの一人一人には、必ず「良いところがある」という「いいとこ見つけ」の取り組みなどを通して、個人の長所に目を向けるように声かけをする。友だちへの眼差しが温かくなると、子どもは集団の中で、認め合い、ひびき合い、お互いに成長し合えることができる。

○自他ともに認め合える、幼児の自己肯定感を醸成する。
　子どもの自己肯定感（＝自尊感情）を育成することは、自分のよさに気づき、それが友だちのよさを受け入れることができることへと発展していく。「今の自分が大好き」（I'm OK.）がやがては、「あなたのことも好きだよ」（You are OK.）となり、周囲のみんなといい関係が築けるようになるとされる。

保育士が、毎日子どもたちと向き合う中で、子どもの自己肯定感を醸成するためには、次のような姿勢が必要である。

1）金子みすゞ「私と小鳥と鈴と」『金子みすゞ童謡全集』JULA出版局

・常に子どもの言動に関心を持ち、見守り活動を続ける。
・子どもに対して、共感的・受容的に対応する。
・子どものどんな小さな成長をも見逃さず、認める。
・子どもの長所を発見し、みんなの前で誉める。
・子どもの力を信じ、役割分担をする。
・子どもの存在を感謝する。
・子ども一人一人を大切にし、愛されていると実感させる。

　これらの根底にあるものは、温かいぬくもりのある思いやりであり、叱責・指示・命令ばかりを繰り返していては、子どもたちの心に自己肯定感や自尊心は育まれない。

2　保育士自身の人権感覚・人権意識を高めるために

　子どもの人権感覚や人権意識を醸成するには、保育士自身がまず人権に関する鋭い認識や感覚を研ぎ澄まさせなければばらない。担当する子どもたちから不平等感や被差別感を抱かせる保育士の言動はもってのほかであり、どの子どもに対しても、きめ細やかで愛情あふれた対応が求められる。

　日常の子どもへの対応で、何気なく行っていることでも、当事者の子どもにとっては著しく傷つき、それがやがてはトラウマ（PTSD）となって、その後の健やかな成長を妨げる場合もある。以下は、保育士として、「子どもの人権」を擁護するための、日頃の地道な取り組みを挙げる。

○どの子に対しても平等で公平な態度で接し、差別的な対応は厳禁である。
○子どもの失敗は、そのことだけを叱り、その子の人格を否定したり、親のせいにしたりしないようにする。
○一人ひとりを一個の人格として捉え、きょうだいや友だちと比較して評価しないようにする。
○体罰で、子どものしつけをしないようにする。
○どんなことに対しても「子どもの最善の利益」を優先し、大人の都合や利害を後回しにしなければならない。
○子どもの「虐待」については、保育士は敏感に察知し、虐待防止に努める。

　以上のように、子どもは人権を尊重されながら社会の中で守られ、幸せに暮らしていく権利がある。子ども自身も人権意識を高め、自ら平和に暮らしていける生きる力も身に付けなければならない。しかし、子どもは自分の意志や考えについて表明する能力は十分でないことから、保育士は、保護者や周囲の大人に対して、子どもの思いを代弁する（アドボカシー）の役割があることも忘れてはならない。

最後に、保育士は子ども自身や家庭・地域が抱えている今日的な課題を敏感にキャッチし、自らが持つ保育技術・相談援助技術を駆使し、問題に対応にしなければならない。また、関係する各種の機関とつないでネットワークを形成し、社会全体で支援していけるようにチームを構築するなど、保育士自身の自己解決していく能力を高めることが重要である。

　そのためにも、保育士は、「子どもの人権」をはじめ、「社会福祉」を学ぶ必要があり、次世代社会において、子どもを取り巻く環境に目を向け、地域の様々なリソース（社会資源）を充分に活用しながら問題解決する能力を身につけることが求められている。

（角田　みどり）

＜参考文献＞

厚生労働省『保育所保育指針解説』2018 年

内閣府『よくわかる「子ども・子育て支援新制度」』
　https://www8.cao.go.jp/shoushi/shinseido/sukusuku.html

厚生労働省『平成 29 年版　厚生労働白書－社会保障と経済成長－』

松井圭三・今井慶宗編『現代社会福祉概説』ふくろう出版、2015 年

松原康雄・金子充・圷洋一『社会福祉　基本保育シリーズ④』中央法規出版、2015 年

直島正樹・原田旬哉　『図解で学ぶ保育　社会福祉』萌文書林、2015 年

鈴木祥蔵・岩堂美智子他　『子どもの人権と保育・教育』保育出版社、2005 年

森田ゆり『エンパワメントと人権－こころの力のみなもとへ』部落解放研究所、1998 年

第5章 「健康」と「社会福祉」
－看護師が社会福祉を学ぶ目的とその意義－

I　看護と社会福祉

1　健康とは

　WHO（世界保健機関）は、健康について次のように定義している。健康とは、「病気でないとか、弱っていないということではなく、肉体的にも、精神的にも、そして社会的にも、すべてが満たされた状態にあること」をいう。

　人々が健康を維持・増進し、疾病や事故を予防することは、QOL（生活の質）を維持・向上することにつながる。看護職は、人々が健康を保つための知識や行動・習慣を身につけ健康課題に適切に対応できるよう支援している。

　しかし、疾病の治癒や障がいの回復を完全に望むことができない状況のなかにいる人々はどうだろうか。疾病や障がいがあっても、その人らしい生活を送ることができ最期まで尊厳をもって生活できることは非常に大切なことであり、看護職は、「医療モデル」を優先するのではなく「生活モデル」にも重点を置き利用者を支えていく必要がある。

　つまり、看護職は、ICF（生活機能分類）における環境因子や個人因子等の背景因子の視点を取り入れ、構成要素間の相互作用や参加を重視することにより、診断名等だけではなく、生活の中での困難さに焦点を当てる視点をもつことも重要であるといえる。また、健康問題を抱えていながら保健・医療・福祉資源を活用する必要性や方法がわからない人々に対しては、それらを活用するための支援を他職種と連携しながら進めていくことが必要になる。

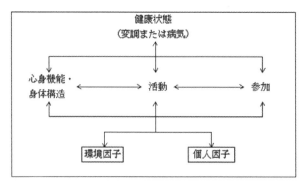

図 5-1　ICF の構成要素間の相互作用
文部科学省ＨＰ

2　看護とは

「看護」とは、広義にとらえると人が人の世話をすることであり、家族や隣人による見守りや支援も含まれる。看護師・准看護師は、傷病者等の療養上の世話または診療の補助を行う者の専門資格である。看護師は、医師または歯科医師の指示を受けて看護業務を行う国家免許であるのに対し、准看護師は医師、歯科医師、または看護師の指示を受けて看護業務を行う都道府県知事免許である点で異なっている。

看護師が働く場と聞いて、病院が思い浮かぶ人は多いであろう。確かに、看護師が主に働く職場は病院といえる。しかし、病院や訪問看護ステーション等の医療分野のみでなく医療との連携が必要な様々な社会福祉施設や社会福祉事業にも看護師が配置されている。

例えば、児童福祉施設、老人福祉施設、障害者支援施設、児童のための地域子ども・子育て支援事業や高齢者のための地域支援事業、障害者のための地域生活支援事業などにおいて、利用者の日常的な健康管理や衛生管理、医療的なケアを行っており、社会福祉領域においても重要な役割を担っている。社会福祉領域における看護師の役割について理解するためには、社会福祉領域における法制度や施設の種別について正しく理解しておく必要がある。

近年、障害者分野を中心に入所施設における脱施設化や入所者の退所援助としての地域移行が進められている。これは、ノーマライゼーションや、ソーシャル・インクルージョンのような誰もがありのままで暮らしたい場所で生活していくことができる共生社会を目指す考え方を理念としている。それぞれの地域において人々が安心して暮らせるよう地域住民や公私の社会福祉関係者が相互に協力して地域社会の福祉課題を解決していくためには、人権を尊重する倫理的態度を身につけた看護領域の専門職はなくてはならないものである。看護職は、医師のみならず、介護職やソーシャルワーカー、行政や教育者と連携していくこともある。

3　生活と看護

人の誕生から死亡まで、あらゆる場において看護は機能する。では、暮らしの場や医療機関で生活する人への支援とはどのようなものなのだろうか。

高度な医療・看護を提供することにより、助かる命が増える。このことは、急性期医療の場において医療ニーズの高い患者が集中することと治療がひと段落した患者の自宅や施設での療養の多様化を生み出した。

特に、新生児集中治療管理室（NICU）等から退院した重症心身障害児等への小児在宅医療の整備、小児在宅患者への発達支援、教育支援、就労支援においては課題が多く、支援の整備は急務である。また、高齢者の地域生活を大切にしながら医療的介入をどこまで行うかも課題となっている。本人や家族の人権と意思を尊重しながら、適切な情報を提供し、苦痛を軽減する処置を行いうことや穏やかな最期を迎えることができるように支援するために社会資源を最大限に生かすことのできる人材を育成する必要がある。

住み慣れた地域で、自分らしい暮らしを最期まで続けることができる社会を実現できるよう、支援が一体的に提供される地域包括ケアシステムの構築が様々な分野で図られている（図5-2参照）。

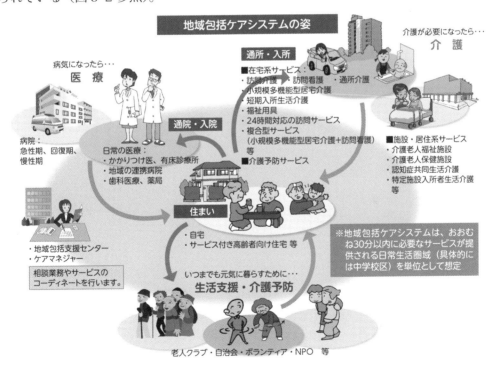

図5-2　高齢者と小児の地域包括ケア
厚生労働省HP

Ⅱ 社会福祉施設等における看護

1 児童福祉施設

　児童福祉施設とは、児童福祉法第7条に規定された、①助産施設、②乳児院、③母子生活支援施設、④保育所、⑤幼保連携型認定こども園、⑥児童厚生施設、⑦児童養護施設、⑧障害児入所施設、⑨児童発達支援センター、⑩児童心理治療施設、⑪児童自立支援施設、⑫児童家庭支援センターの12種類の施設を指す。詳しくは第6章にて説明している。

　看護師が主に配置される施設に、乳児院、障害児入所施設、そして乳児が入所している場合の児童養護施設があげられる。近年は、医療的ケア児の地域支援として看護師が保育所に勤務している場合もある。また、病児保育や病後児保育の場においても看護師が活躍している。

　乳児院や、乳児が入所している場合の児童養護施設では、看護師の配置が義務付けられている。看護師の業務として、子どもたちの健康管理、施設の衛生管理、インフルエンザなど流行性疾患、感染症の予防、医療機関との連携、病院への付添い、保育士の補助や施設内業務のサポート、児童や職員の健康や保健に関する相談、などがあげられる。

　新生児医療の発達に伴い、赤ちゃんの命が救われることと同時に重症心身障害児が増加し、医療的ケアが必要な子どもが多くなった。このような状況において、障害児の施設において看護師の存在は重要であるといえる。看護師は、内服管理はもとより、呼吸困難のある子どもには、人工呼吸器や酸素投与の管理、喀痰を促すために体位変換や吸引を行う。そして、何らかの理由で経口摂取が不可能な子どもに対しては、経管栄養に伴う処置や管・皮膚の管理も行っていく。また筋緊張が強く、骨の変形や拘縮がある子どもには、毎日のリハビリ支援も重要であるといえる。

2 老人福祉施設

　老人福祉施設とは、老人福祉法第5条の3に規定された、①老人デイサービスセンター（通所）、②老人短期入所施設（入所）、③養護老人ホーム（入所）、④特別養護老人ホーム（入所）、⑤軽費老人ホーム（入所）、⑥老人福祉センター（利用）、⑦老人介護支援センター（利用）、の7種類の施設を指す。

　この他、厚生労働省通知等による老人福祉関連施設として①老人憩の家（利用）、②老人休養ホーム（利用）、③生活支援ハウス（高齢者生活福祉センター）（利用）、④有料老人ホーム（入所）がある。

　また、医療法上の施設として病院の療養病床等（入院）があり、これは介護保険上

の介護保険施設である指定介護療養型医療施設（2024年3月31日までその効力を有するが、順次介護医療院に転換する）である。介護保険上のみに規定された施設としてあげられるのは、介護老人保健施設（入所）、介護医療院（入院）、地域包括支援センター（利用）である。

養護老人ホームは、原則65歳以上の高齢者で、家庭環境や経済的な理由により、自宅での生活が困難な人が利用できる。しかし、ある程度自立した生活のできることが条件となっているため、入所者一人ひとりの健康管理が重要な業務である。また他職種と連携し、異常や異変の早期発見に努め、適切な判断のもと医療につなげなければならない。また、感染症流行時には、感染拡大を防止することも、看護師の重要な役割といえる。

2015（平成27）年4月より、特別養護老人ホーム（特養）の新規入所者は、原則として要介護3以上の高齢者に限定された。そのため医療ニーズの高い入所者が多く、医療的ケアや看取りが重要となってくる。特養における医療的ケアとして最も多いのが、胃瘻における栄養管理であり、次に痰の吸引、導尿、インスリン注射、人工肛門（ストーマ）ケア、点滴、酸素吸入などがあげられる。

3　障害者支援施設・障害福祉事業所

障がい者の日常生活及び社会生活を総合的に支援するための法律、略称「障害者総合支援法」において障害者支援施設が規定されている。障がい者の施設には、身体障害者更生施設、身体障害者療護施設、身体障害者授産施設、知的障害者更生施設、知的障害者授産施設、精神障害者社会復帰施設があった。これらの施設は、障害者自立支援法制定時に移行期間を経て、障害者支援施設に名称が変わった。障害福祉サービスの種類には、療養介護、生活介護、自立訓練、就労移行支援、就労継続支援（A型）、就労継続支援（B型）、施設入所支援、共同生活介護、共同生活援助などがある（第8章参照）。

障がい者施設における看護業務は、日常の健康管理であるバイタルチェック、服薬管理、健診、通院介助業務が基本であるが、持病へのケアや経管栄養、喀痰吸引、褥瘡の処置、医師の指示によっては点滴を行う場合もある。また、利用者の中にはてんかん発作を頻繁に繰り返す人も多く、発作による転倒の備えや、転倒後の脳波検査、通院の介助・付き添いなども大切な業務である。

あるいは、医師の定期的な診察の介助、MRSAや疥癬などの感染症の予防と対応、急変や事故などの緊急時対応も看護師の重要な仕事内容であり、またADLの維持や生活介助でのオムツ交換や注入を看護師が行う場合も多い。

また、異常行動つまり興奮、自傷、異食などに対する処置や、機能訓練をPT・OTと共に行ったり、皮膚疾患、たとえば長時間同じ姿勢をしていることによる褥瘡など

の処置を行ったりもする。

Ⅲ　訪問看護

近年では、病気や障害があっても、住み慣れた家で家族とともに、地域で助け合いながら生活し、その環境の中で最期を迎えたいと思っている人が増えてきている。訪問看護の利用者数の推移を見てもわかるように、医療保険、介護保険ともに、訪問看護サービス利用者数は増加している（図5-3参照）。

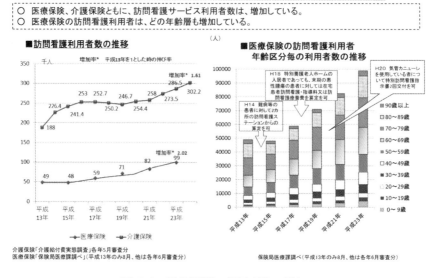

図5-3　訪問看護の利用者数の増加
厚生労働省HP

さらに、訪問看護利用者における医療依存度の状況を見ると、重度や最重度の利用者が増えている事がわかる。これは、単に医療的ケアが厚くなった事を意味するだけではなく、病気の急変や緊急時の対応など24時間対応体制が必要な利用者が増加していることも示している（図5-4参照）。

我が国では急速に少子高齢化が進んでおり、2025（令和7）年には「団塊の世代」がすべて75歳以上になるため、慢性疾患や認知症などに対する医療と介護の両方を必要とする高齢者が増加する。これらのことから、今後はますます医療ニーズ、介護ニーズは多様化してくる。これに対しては個々に応じたケアが必要であるが、そのためには、医療と介護の連携が必須であり、それぞれの関係職種間の相互理解や情報の共

有がこれからの課題である。

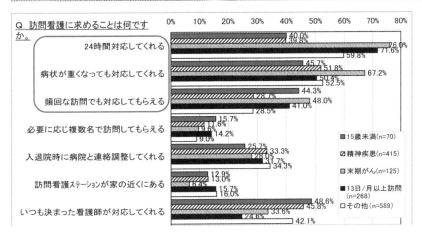

図5-4　訪問看護に求めること
厚生労働省HP

また、障がい児においても同様のことがいえ、病気や障害があっても、子どもたちが家族と一緒に住み慣れた自宅で、社会参加をしながら暮らし続けることができる地域を作っていく事業が近年すすんでいる。

以下では具体的な看護師の仕事内容をみていく。

1　訪問看護における看護師の仕事内容（成人）

かかりつけの医師と連絡をとり、心身の状態に応じて以下のようなケアを行う。
①健康状態の観察と助言
②日常生活の看護
③在宅リハビリテーション看護
④精神・心理的な看護
⑤認知症の看護
⑥検査・治療促進のための看護
⑦療養環境改善のアドバイス
⑧介護者の相談
⑨様々なサービス（社会資源）の使い方相談
⑩終末期の看護

また、入退院についての相談や、必要に応じて他の様々なサービスを紹介したり、関連機関と綿密な連携をとり、利用者が安心して豊かな療養生活を送れるための様々な支援や調整を、訪問看護にて行う。

　①健康状態の観察と助言
　・健康のチェックと助言（血圧、体温、呼吸、脈拍）
　・特別な病状の観察と助言
　・心の健康チェックと助言（趣味、生きがい、隣人とのつながりなど）

　②日常生活の看護
　・清潔のケア
　・食生活のケア
　・排泄のケア
　・療養環境の整備
　・寝たきり予防のためのケア
　・コミュニケーションの援助

　③在宅リハビリテーション看護
　・体位交換、関節などの運動や動かし方の指導
　・日常生活動作の訓練（食事、排泄、移動、入浴、歩行など）
　・福祉用具（ベッド、ポータブルトイレ、補聴器、車椅子、食器など）の利用相談
　・生活の自立、社会復帰への支援

　④精神・心理的な看護
　・不安な精神、心理状態のケア
　・生活リズムの調整
　・社会生活への復帰援助
　・事故防止のケア
　・服薬のケア
　・リラックスのためのケア

　⑤認知症の看護
　・認知症状に対する看護、介護相談
　・生活リズムの調整
　・コミュニケーションの援助
　・事故防止のケア

⑥検査・治療促進のための看護
・病気への看護と療養生活の相談
・床ずれ、その他創部の処置
・医療機器や器具使用者のケア
・服薬指導、管理
・その他、主治医の指示による処置、検査

⑦療養環境改善のアドバイス
・住宅改修の相談
・療養環境の整備
・福祉用具導入のアドバイス

⑧介護者の相談
・介護負担に関する相談
・健康管理、日常生活に関する相談
・精神的支援
・患者会、家族会、相談窓口の紹介

⑨様々な在宅ケアサービス（社会資源）の使い方相談
・自治体の在宅サービスや保健、福祉サービス紹介
・民間や関連機関の在宅ケアサービス紹介
・ボランティアサービス紹介
・各種サービス提供機関との連絡、調整
・その他、保健、医療、福祉の資源紹介など

⑩終末期の看護
・痛みのコントロール
・療養生活の援助
・療養環境の調整
・看取りの体制への相談、アドバイス
・本人、家族の精神的支援

2　訪問看護における看護師の仕事内容（子ども）

　障害を持つ成人や高齢者への看護内容と共通する部分も多々あるが、障がい児への特徴的な支援内容を以下でまとめる。

①病状、身体状況の観察、助言
・主治医からの指示書に基づいて評価したサービス提供

②日常生活の支援
・食事や排泄、入浴、清拭の援助など
・授乳や離乳食へのアドバイス

③医師の指示のもと医療的処置
・酸素療法
・吸引
・カテーテル
・ストーマケア管理　など

④リハビリテーション
・機能訓練
・発達促進
・拘縮予防
・呼吸リハビリテーション
・言語発達促進
・摂食嚥下リハビリテーション　など

　その他、必要に応じて行政サービスなど社会資源の情報提供を行ったりもする。
　訪問看護においては、病院・療育施設での看護やリハビリテーションと違い、家にあるもので移動する練習をしたり、より安定する座位姿勢を模索したりする。家庭において、ADLとともにQOLの向上を目的として支援することが大切である。

第 5 章「健康」と「社会福祉」－看護師が社会福祉を学ぶ目的とその意義－

＜参考文献＞

倉田慶子・樋口和朗・麻生幸三郎編『重症心身障害児の看護』株式会社へるす出版、2016 年

『社会福祉士国家試験受験ワークブック 2019 専門科目編』中央法規、2018 年

『社会福祉士国家試験受験ワークブック 2019 共通科目編』中央法規、2018 年

『2025 年に向けた看護の挑戦　看護の将来ビジョン～いのち・暮らし・尊厳をまもり支える看護～』
　　公益社団法人　日本看護協会、2015 年

厚生労働省 HP　http://www.mhlw.go.jp/

文部科学省 HP　http://www.mext.go.jp/b_menu/shingi/chukyo/chukyo3/032/siryo/06091306/002.htm

公益財団法人日本訪問看護財団 HP　http://www.jvnf.or.jp/

公益社団法人全国老人福祉施設協議会 HP　http://www.roushikyo.or.jp/contents/

あいりす訪問看護ステーション HP　http://www.iris-hns.com/

合同会社 Loving Look HP　http://lovinglook-llc.com/

医療法人財団はるたか会 HP　http://harutaka-aozora.jp/

第6章 児童家庭福祉
―子ども家庭福祉の体系と家庭支援―

Ⅰ 児童家庭福祉の体系

1 児童福祉の対象

　「児童福祉法」は、2016（平成28）年6月3日に改正され、「児童の権利に関する条約」の精神にのっとること、また児童虐待についての発生予防から、自立支援までの一連の対策とさらなる強化等についての内容が組み込まれた。

　「児童福祉法」第4条において、「児童」とは「満18歳に満たない者」と定義されており、また同法第1条では、「全て児童は、児童の権利に関する精神にのっとり、適切に養育されること、その生活を保障されること、愛され、保護されること、その心身の健やかな成長及び発達並びにその自立が図られることその他の福祉を等しく保障される権利を有する」と規定されている。このことから、児童福祉の対象は、「すべて」の「満18歳に満たない」子どもといえる。

　しかし、満18歳に満たない児童が生活する背景には、大半の子どもたちが過ごす「家庭」があり、その家庭による影響力は多大といえる。このような状況において、児童福祉の対象となるのは、満18歳に満たない児童のみではなく、現在ではその家庭もが対象とされる。したがって、児童福祉の施策においても、保育や健全育成などのすべての子どもや家庭を対象とした施策をはじめとし、近年、社会問題ともなっている児童虐待などの特別なニーズを持つ子どもや家庭への対応が求められている。

　以上のことから、児童福祉とは「子ども家庭福祉」を意味し、その対象は、子ども本人に関することはもちろん、その子どもを取り巻く家庭および地域までといえる。

　ちなみに、「児童福祉法」第2条第1項には、「すべて国民は、児童が良好な環境において生まれ、かつ、社会のあらゆる分野において、児童の年齢及び発達の程度に応じてその意見が尊重されその最善の利益が優先して考慮され、心身ともに健やかに育成されるよう努めなければならない」とある。つまり、子どもたちが虐待されること

等なく、安心して安全な環境下で健やかに育っていく努力を、すべき人物は誰かとの問いに対する答えは、「すべての国民」ということになる。そして、同法第2条第3項には、子育ての責任について、「国及び地方公共団体は、児童の保護者とともに、児童を心身ともに健やかに育成する責任を負う。」と規定されている。つまり、子育ての責任は誰にあるかとの問いの答えは、保護者はもちろんであるが、「すべての国民」「国」「地方公共団体」となる。

たとえば、被虐待児など、保護が必要とされる、要保護児童を発見した場合、すべての国民に通告の義務が課されている。それは、児童福祉法第25条で規定されており、「要保護児童を発見した者は、これを市町村、都道府県の設置する福祉事務所若しくは児童相談所又は児童委員を介して市町村、都道府県の設置する福祉事務所若しくは児童相談所に通告しなければならない」となっている。

2　子ども家庭福祉施策の体系

児童家庭福祉における主な法律は、いうまでもなく児童福祉法となるが、それに加えて、「児童虐待の防止等に関する法律」「配偶者からの暴力の防止及び被害者の保護等に関する法律」「児童買春、児童ポルノに係る行為等の規制及び処罰並びに児童の保護等に関する法律」などがある。

また、保護が必要とされる、虐待や非行、障がいなどの事情を抱える要保護児童等を対象に、児童福祉施設や里親制度などがある。

（1）「児童虐待の防止等に関する法律」

2000（平成12）年に制定された「児童虐待の防止等に関する法律」第2条では、虐待の行為者が「保護者」とされ、また児童虐待の定義が以下のようにされている。

> ①児童の身体に外傷が生じ、又は生じるおそれのある暴行を加えること。
>   （＝身体的虐待）
> ②児童にわいせつな行為をすること又は児童をしてわいせつな行為をさせること。
>   （＝性的虐待）
> ③児童の心身の正常な発達を妨げるような著しい減食又は長時間の放置、保護者以外の同居人による前二号又は次号に掲げる行為と同様の行為の放置その他の保護者としての監護を著しく怠ること。
>   （＝ネグレクト）

> ④児童に対する著しい暴言又は著しく拒絶的な対応、児童が同居する家庭における配偶者に対する暴力（配偶者（婚姻の届出をしていないが、事実上婚姻関係と同様の事る者を含む。）の身体に対する不法な攻撃であって生命又は身体に危害を及ぼすもの及びこれに準ずる心身に有害な影響を及ぼす言動をいう。）その他の児童に著しい心理的外傷を与える言動を行うこと。
> 　（＝心理的虐待）

心理的虐待においては「配偶者に対する暴力」を意味する内容があり、これは子どもがドメスティック・バイオレンス（DV）を見聞きするのみであったとしても、保護者による子どもへの「心理的虐待」となることを意味する。

（２）「配偶者からの暴力の防止及び被害者の保護等に関する法律」

　それでは、ドメスティック・バイオレンス（DV）についてであるが、2001（平成13）年に制定された「配偶者からの暴力の防止及び被害者の保護等に関する法律」第1条において、DVとは「配偶者から身体に対する暴力」「これに準ずる心身に有害な影響を及ぼす言動」と定義されている。また同法同条においては、「婚姻が取り消された場合」つまり元配偶者からの暴力であってもDVとみなされることが規定されている。

　この法律に言う「配偶者」には、婚姻の届をしていないが事実上婚姻関係と同様の状態も含み、また、「婚姻が取り消された場合」および事実上離婚したと同様の状態、つまり元配偶者等からの暴力であってもDVとみなされることが規定されている。

　法律上は「身体に対する暴力」「心身に有害な影響を及ぼす言動」とされているが、一般的にDVの種類は以下のように分類される。

> ①身体的暴力…殴る、蹴る、髪を引っ張る、など
> ②精神的暴力…怒鳴る、脅す、人前で馬鹿にする、子どもやペットに暴力を振るうなど
> ③性的暴力…無理やり性行為を強要する、避妊に協力しない、中絶を繰り返しおこなわせる、など
> ④経済的暴力…生活費を渡さない、仕事に行かせない、など
> ⑤社会的隔離…行動を監視して制限する、友人や親族などの付き合いを妨害するなど

　また、同法第6条では、DVを発見した者や医師は、配偶者暴力相談支援センタ

ーもしくは警察に通告しなければならない努力義務について明記されており、通告の義務を守秘義務が妨げてはならないとされている。また医師はDV被害者に対し、配偶者暴力相談支援センターに関する情報提供する努力義務があるとされている。

そして第10条には、同法の中で最も重要ともいえる「保護命令」について明記されている。これは、警察に訴えるのではなく、被害者が裁判所（地方裁判所）に申し立てることにより、裁判所から加害者に対し「保護命令」が出されるものとなっている。保護命令制度とは、配偶者や生活の本拠を共にする交際相手からの身体に対する暴力を防ぐため、被害者の申立てにより裁判所が加害者に対し被害者へのつきまとい等をしてはならないこと等を命ずる命令である。そして、この保護命令にはおもに2種類あり、接近禁止命令が6カ月、退去命令が2カ月と期間が定められており、もし、加害者が保護命令に違反した場合には、1年以下の懲役、または100万円以下の罰金に処されることになる。接近禁止命令の中には、申立人（DV被害者）への接近禁止命令に加えて、子への接近禁止命令、親族等への接近禁止命令、電話等禁止命令がある。

（3）児童福祉施設

児童福祉法第七条において、次の12種類の施設が児童福祉施設と定義されている。それは、①助産施設、②乳児院、③児童養護施設、④母子生活支援施設、⑤保育所、⑥幼保連携型認定こども園、⑦児童厚生施設、⑧障害児入所施設、⑨児童発達支援センター、⑩児童心理治療施設、⑪児童自立支援施設、⑫児童家庭支援センター、である。

以下に、各施設の役割を示す。

①助産施設 …………	保健上必要があるにもかかわらず、経済的理由により、入院助産を受けることができない妊産婦を入所させて、助産を受けさせることを目的とする施設とする。（第36条）
②乳児院 …………	乳児を入院させて、これを養育し、あわせて退院したものについて相談その他の援助を行うことを目的とする施設とする。（第37条）
③児童養護施設 ……	保護者のない児童、虐待されている児童その他環境上養護を要する児童を入所させて、これを養護し、あわせて退所した者に対する相談その他の自立のための援助を行うことを目的とする施設とする。（第41条）

第6章　児童家庭福祉 －子ども家庭福祉の体系と家庭支援－

④母子生活　　……　　配偶者のない女子又はこれに準ずる事情にある女子
　支援施設　　　　　　及びその者の監護すべき児童を入所させて、これら
　　　　　　　　　　　の者を保護するとともに、これらの者の自立の促進
　　　　　　　　　　　のためにその生活を支援し、あわせて退所した者に
　　　　　　　　　　　ついて相談その他の援助を行うことを目的とする施
　　　　　　　　　　　設とする。（第38条）

⑤保育所　　………　　保育を必要とする乳児・幼児を日々保護者の下から
　　　　　　　　　　　通わせて保育を行うことを目的とする施設とする。
　　　　　　　　　　　（第39条）

⑥幼保連携型　　……　義務教育及びその後の教育の基礎を培うものとして
　認定こども園　　　　の満3歳以上の幼児に対する教育及び保育を必要と
　　　　　　　　　　　する乳児・幼児に対する保育を一体的に行い、これ
　　　　　　　　　　　らの乳児又は幼児の健やかな成長が図られるよう適
　　　　　　　　　　　当な環境を与えて、その心身の発達を助長すること
　　　　　　　　　　　を目的とする施設とする。（第39の2）

⑦児童厚生施設　……　児童遊園、児童館等児童に健全な遊びを与えて、そ
　　　　　　　　　　　の健康を増進し、又は情操をゆたかにすることを目
　　　　　　　　　　　的とする施設とする。（第40条）

⑧障害児入所施設　…　次の各号に掲げる区分に応じ、障害児を入所させて、
　　　　　　　　　　　当該各号に定める支援を行うことを目的とする施設
　　　　　　　　　　　とする。
　　　　　　　　　　　一　福祉型障害児入所施設　保護、日常生活の指導
　　　　　　　　　　　及び独立自活に必要な知識技能の付与
　　　　　　　　　　　二　医療型障害児入所施設　保護、日常生活の指導、
　　　　　　　　　　　独立自活に必要な知識技能の付与及び治療
　　　　　　　　　　　（第42条）

⑨児童発達支援　……　次の各号に掲げる区分に応じ、障害児を日々保護者
　センター　　　　　　の下から通わせて、当該各号に定める支援を提供す
　　　　　　　　　　　ることを目的とする施設とする。
　　　　　　　　　　　一　福祉型児童発達支援センター　日常生活におけ
　　　　　　　　　　　る基本的動作の指導、独立自活に必要な知識技能の
　　　　　　　　　　　付与又は集団生活への適応のための訓練
　　　　　　　　　　　二　医療型児童発達支援センター　日常生活におけ
　　　　　　　　　　　る基本的動作の指導、独立自活に必要な知識技能の
　　　　　　　　　　　付与又は集団生活への適応のための訓練及び治療
　　　　　　　　　　　（第43条）

⑩児童心理 　治療施設 …………	家庭環境、学校における交友関係その他の環境上の理由により社会生活への適応が困難となつた児童を、短期間、入所させ、又は保護者の下から通わせて、社会生活に適応するために必要な心理に関する治療及び生活指導を主として行い、あわせて退所した者について相談その他の援助を行うことを目的とする施設とする。（第43条の2）
⑪児童自立 　支援施設 …………	不良行為をなし、又はなすおそれのある児童及び家庭環境その他の環境上の理由により生活指導等を要する児童を入所させ、又は保護者の下から通わせて、個々の児童の状況に応じて必要な指導を行い、その自立を支援し、あわせて退所した者について相談その他の援助を行うことを目的とする施設とする。（第44条）
⑫児童家庭 　支援センター …………	地域の児童の福祉に関する各般の問題につき、児童に関する家庭その他からの相談のうち、専門的な知識及び技術を必要とするものに応じ、必要な助言を行うとともに、市町村の求めに応じ、技術的助言その他必要な援助を行うほか、第26条第一項第2号及び第27条第1項第2号の規定による指導を行い、あわせて児童相談所、児童福祉施設等との連絡調整その他厚生労働省令の定める援助を総合的に行うことを目的とする施設とする。（第44条の2）

（4）里親制度

　児童福祉法第六条の四には、里親制度について規定されている。里親とは「厚生労働省令で定める人数以下の要保護児童を養育することを希望する者」であり、「一定の条件を満たす者である。

　里親の種類には、①養育里親、②専門里親、③養子縁組里親、④親族里親、がある。

①養育里親	保護者のいない児童又は保護者に監護させることが不適当であると認められる児童を養育することを希望し、かつ、省令で定める要件を満たすものであって都道府県知事が要保護児童を委託するものとして適当と認め、養育里親名簿に登録されたものをいう。

②専門里親	省令で定める要件に該当する養育里親であり、①児童虐待等の行為により心身に有害な影響を受けた児童、②非行のある若しくは非行に結び付くおそれのある行動をする児童又は③身体障害、知的障害、若しくは精神障害がある児童のうち都道府県知事がその養育に関し特に支援が必要と認めたものを養育するものとして、養育里親名簿に登録されたものをいう。
③養子縁組里親	要保護児童を養育することを希望する者であって、養子縁組によって養親となることを希望するもののうち、都道府県知事が児童を委託する者として適当と認めるものをいう。
④親族里親	要保護児童の扶養義務者及びその配偶者である親族であって、要保護児童の両親その他要保護児童を現に監護する者が死亡、行方不明、拘禁、疾病による入院等の状態となったことにより、これらの者による養育が期待できない要保護児童の養育する者のうち、都道府県知事が児童を委託する者として適当と認めるものをいう。

　以上の児童福祉施設および里親委託等においては、児童相談所が措置する仕組みである。そこで、以下で児童相談所について解説する。

（5）児童相談所
　児童相談所は、児童福祉法第12条により設置が定められている行政機関である。児童相談所は、児童福祉法第12条及び第59条の4により各都道府県及び政令指定都市に児童相談所を設置することが義務付けられている。相談は、家庭やその他からの相談に応じて、児童のニーズや、環境状況などを把握して総合的に判断していく。そのうえで、児童の福祉の向上と児童の権利を守り健全な育成を図っていく、児童のための専門の行政機関である。
　児童相談所の業務は、次のようなものである。
①児童に関する問題について、家庭その他からの相談に応じる。
②問題についての調査並びに医学的・心理学的・教育学的・社会学的・精神保健上の調査を行う。
③調査・判定に基づいて指導を行う。
④児童の一時保護を行う。
⑤施設入所等の措置を行う。
　「児童福祉法」の改正により、市町村が相談の第一義的な窓口となることが業務と

して規定されたので、児童相談所は、市町村の児童家庭相談への対応に関して、連絡調整や、情報提供その他必要な援助を行う。

　一時保護の業務（児童を一時的に児童相談所に預かること）や、児童福祉施設への入所（児童を施設に措置する）ことは、児童相談所のみに与えられた権限であり、児童の健全育成の上で大切な業務である。近年特に児童虐待が急増してきており、児童の生命や、成長発達が阻害されている。市町村との連携の中で児童の健全育成への関わりが強く求められてきている。

＜児童相談所の組織＞
　児童相談所の組織は、総務部門、相談・判定・指導・措置部門、一時保護の3部門で組織されている。総務部門は庶務的事項、相談・指導部門は相談の受付や調査・社会診断・指導などを行う。判定・指導部門は個々の判定及び診断を行い、それをもとに指導を行う。
　職員は、所長・次長・部門の長・児童福祉司・相談員・児童心理司・医師・児童指導員・保育士等が配置されている。これらの職員のチームによる相談へのアプローチと、総合的な合議により児童の福祉の向上が専門的に図られるようになっている。

＜相談の分類＞
　児童相談所で受け付ける相談は、次のようであり、子どもの問題の全分野に亘っている。
①養護相談
　児童の家庭環境等起因する問題に関する相談
②保健相談
　児童の健康状態・疾患等に関する相談
③障害相談
　児童のあらゆる障害に関する相談
　　❶肢体不自由相談
　　❷視聴覚障害相談
　　❸言語発達障害等相談
　　❹重症心身障害相談
　　❺知的障害相談
　　❻自閉症相談
④非行相談
　児童の非行行為等に関する相談
　　❶ぐ犯相談
　　❷触法行為等相談

⑤育成相談
　児童の生育上に出てくる問題に関する相談
　❶性格行動相談
　❷不登校相談
　❸適性相談
　❹育児・しつけ相談
⑥その他の相談
　上記のいずれにも該当しない相談

＜相談援助活動＞
①調査・診断・判定
　児童相談所は、受け付けた相談は児童福祉司、相談員等により社会診断、児童心理司により心理診断、医師による医学診断等を行う。さらに、必要により一時保護をした場合は、一時保護所の児童指導員や保育士等による行動診断も行う。これらの諸診断に基づく総合診断を行い、児童の処遇方針を行う。児童の一時保護は児童相談所のみが行う。一時保護をして、児童の行動観察を行う。

②処遇
　処遇方針に基づいて児童、保護者、関係者等に対して指導を行う。また、ケースにより措置等の処遇を行うこともある。処遇には「措置によらない指導」「措置による指導」がある。
「措置によらない指導」
　・助言指導
　・継続指導
　・他機関あっせん
「措置による指導」
　・児童福祉司指導
　・児童委員指導
　・児童家庭支援センター指導
　・知的障害者福祉司、社会福祉主事指導
　・障害者相談支援事業を行うものの指導　等がある。

Ⅱ　子どもの権利保障と子ども観

　子どもの権利を考えていくにあたっては、すべての子どもの権利を認めることはも

ちろん、それを保障すべき大人・社会の責任を明確にしなければならない。たとえば「子どもの権利条約」がその国際的到達点である。本節では子どもの権利の明文化およびその歴史、そして子ども観についてみていきたい。

1　子どもの権利条約ができるまで

(1)「児童の世紀」

　19世紀末、スウェーデンの社会思想家であり教育者であり、また婦人運動家であるエレン・ケイは、20世紀を児童の世紀にしようと、1900年『児童の世紀』を著した。ここには、家庭や教育についての様々な革命、そして子どもの個性の尊重が訴えられており、11か国に翻訳され、世界的に有名になった。

　このような流れの中、当時、欧米諸国においては子どもの権利・人権とその保障についての意識が芽生え始めた。しかしその一方で、20世紀には2度の世界大戦があり、たくさんの子どもたちが犠牲になった事実もあった。

(2) ジュネーブ宣言（1924（大正13）年）

　1918年に終戦をむかえた第一次世界大戦への反省をきっかけに、国際的レベルで子どもの権利について真剣に考えられはじめた。

　その先駆けとなるのが、イギリス児童救済基金団体が1922（大正11）年に発表した「世界児童憲章」である。そしてこの世界児童憲章を国際的水準で公認した、「児童の権利に関するジュネーブ宣言（Declaration of the Rights of the Child）」は、ジュネーブに本部がおかれた国際連盟総会により1924（大正13）年に採択された。この宣言は、全文と5か条の本文からなるものであり、人類は子どもに対し最善のものを与える義務を負うとされ、第一次世界大戦により被害に遭った子どもたちの救済・保護を目的とした5つの原則があげられた。

(3) 児童の権利宣言（1959（昭和34）年）

　第一次世界大戦の20年後、再び第二次世界大戦が勃発した。そしていっそう夥しい被害がもたらされ、終戦後結成された国際連合において、1959（昭和34）年に「児童の権利宣言」が総会で採択された。

　これは、1948（昭和23）年の「世界人権宣言」をベースにし、1924（大正13）年の「ジュネーブ宣言を拡大したものである。全文ではジュネーブ宣言の「人類は、児童に対して最善のものを与える義務を負う」の一文が繰り返され、「児童が幸福な生活を送り、かつ、自己と社会の福利のために」宣言に挙げる権利及び自由を享有することができるように、10か条の原則があげられた。たとえば第4条では「子どもは社会保障の利益を享受し、健康に成長発達する権利を有する」とはじまり、母

体の出産前後のケアのことや、子どもの「十分な栄養、住居、レクレーション、医療を与えられる権利を有する」となっている。また第9条では「子どもは放任、虐待、搾取から保護されなければならない」として、売春の対象とすることの禁止や、雇用について触れられている。

(4) 子どもの権利条約 (1989(平成元)年)
　国連で児童の権利宣言が採択されたにもかかわらず、宣言遵守においては各国の「道義的責任」を持つということにとどまり実効性を持たなかった。そこで国連は拘束力を持つ条約を制定し、国際社会が子どもの権利を保障する体制が必要であるとし、1989(平成元)年に「子どもの権利条約」が採択された。
　第1条では子どもが「18歳未満の者」と定義されている。そして第2条では「差別の禁止」において、人種・皮膚の色・性・言語・宗教・政治的意見などのいかなる種類の差別もされてはならないことが、第3条では「子どもの最善の利益」において子どもの最善の利益が第一次的に考慮されるべきことが、第6条では「生命への権利、生存・発達の確保」においてすべての子どもが生命への固有の権利を有することが、第12条では「意見表明権」において自分の見解をまとめる力のある子どもには自由に自己の見解を表明する権利が明記されており、これが条約の5本柱といわれている。
　その他、第13条では「表現・情報の自由」において子どもが表現の自由への権利を有していることが、第14条では「思想・良心・宗教の自由」において子どもの思想、良心および宗教の自由への権利が尊重され、それを表明する自由があることが、第21条では「養子縁組」においては養子縁組の制度を承認、許容している締約国は子どもの最善の利益が最高の考慮事項であることを大前提とし国際養子縁組などについて示されている。第28条では「教育への権利」において子どもの教育への権利が認められることが、明記されており、また第20条では子どもの社会的養護について触れられている。第20条2では「国内法に従い子どものための代替的養護を確保する」とされ、同条3では「当該養護には、とりわけ里親託置、イスラム法のカファーラ[1]、養子縁組、または必要な場所には子どもの養護に適した施設での措置を含むことができる」とされている。

---

1) イスラム世界ではいわゆる「養子縁組」が禁止されており、つまり名前の変更が許されていない。しかし、カファーラは親のない子どもなどを親に代わって育てることなので、社会的養護の意味を持っている。

2　子ども観

「子どもの権利条約」における最大の特徴は、国際社会において子どもという存在に人間としての存在価値および尊厳が認められ、人権の主体としての地位が明示されたことである。そして同条約にて強調されたのは、子どもが大人や社会から一方的に保護される受動的な存在としてではなく、意見表明ができる等の能動的な存在とされたことである。

（1）受動的存在としての子ども

歴史的に、子どもが保護の対象となったのは、子どもが大人とは異なる存在として「こどもの発見」がなされたことによる。アリエスが『＜子供＞の誕生』（1960年）で示したが、子どもが固有の存在として意識化されたのは近代以降であり、17世紀までは子どもという概念自体が存在せず、中世における芸術領域においても子どもが「小さな大人」として表現されていることが確認されている。この時代は、家父長制家族制度の下で子殺し・子捨てが当たり前のように行われていた。

しかし、子どもに愛情を持って大切に育てることが一般的になるにつれて、子どもの弱さや傷つきやすさが保護の対象へと変化していった。その結果、イギリスでは産業革命以降の過酷で残酷な児童労働を規制する「工場法」（1833年）が制定され、国家的に子どもが保護されることとなった。このようにして、受動的存在としての子どもは、保護の対象となった。

（2）能動的存在としての子ども

「子ども」の発見者とされるルソーは、『エミール』（1762年）にて、成長・発達には子どもに固有の法則性があることを明らかにした。近代の教育学では、未熟な存在としての子どもであるからこそ、教育により、人間性の形成を通して「自律」した主体を目指すとする教育実践が展開されていった。

1960年代に入って、アメリカでは「伝統的な家族」の崩壊により児童虐待や離婚の件数が増加したため、様々な権威的な保護から子どもを解放すべきという考えが誕生した。1969（昭和44）年のティンカー判決では、子どもの積極的な表現の自由が、連邦最高裁により認められた。

先述したように、子どもの権利条約においても「意見表明権」「表現・情報の自由」がうたわれ、現在では能動的な子ども観として、子どもが本来持つ力を信じることにより、エンパワメント実践[2]が実施されている。つまり現代において、「子ども」とは、自律的な権利と保護を受ける権利といった両面を併せ持つ存在とされている

2）虐待などの何らかの理由で力を奪われてしまった状態から、その子が本来持っている力を最大限に引き出すこと。

のである。

Ⅲ 子どもの最善の利益における家庭支援

1 子どもの最善の利益

「子どもの権利条約」第3条では、子どもの最善の利益とは、「児童に関するすべての措置をとるにあたっては、公的もしくは私的な社会福祉施設、裁判所、行政当局または立法機関のいずれによって行われるものであっても、児童の最善の利益が主として考慮されるものとする」とされている。つまり、子どもに関して何かを決定する時は、子どもにとってベストなこと・ベストな状態とは何かということを軸に物事を考えなければならないことを意味する。

「保育所保育指針」にも、その目的に、「子どもの最善利益」を考慮した保育について言及されている。そして先述したように、子育ての責任は、保護者はもちろん、国や地方公共団体、そしてすべての国民にある。ということは、子育ての場面における「子どもの最善の利益」とは、保護者の都合、職場の都合、保育所など地域の都合、国の都合を考える前に、第一に子どもの都合を考え、一番優先すべきは子どもであるといった認識を持ち、子どもに対応していくということになる。しかし、これらの認識を保護者や保育所のみが持っていたとしても、職場における理解がなければ、「子どもの最善の利益」が無視される結果をまねいてしまう。したがって、職場の利益と「子どもの最善の利益」とが対立してしまう状態があるとすれば、その職場、その国においては、「子どもの最善の利益」が保障されていないこととなる。

2 子ども家庭支援

子育て支援といえば、保育所をはじめとして、保育所に併設されることが多い地域子育て支援センターのような子育て支援サービスや認可外保育施設、あるいは医療給付や各種手当制度がある。要保護児童に対する支援はすでにⅠおよびⅡでも述べたため、ここでは特に要保護児童のみを対象とはせず、以下に各施設および各種手当等について紹介する。

（1）地域子育て支援センター…地域子育て支援拠点事業として厚生労働省では「ひろば型」「センター型」「児童館型」として、それぞれの機能を活かして、子育て支援を応援している。その中の、「センター型」の支援である。

地域子育て支援センターの実施主体は市町村であり、基本事業は①子育て親子の

交流の場の提供と交流の促進、②子育て等に関する相談・援助の実施、③地域子育て関連情報の提供、④子育て及び子育て支援に関する講習等の実施、となっている。実施場所が保育所等の児童福祉施設等となっているのが特徴的で、従事者も保育士をはじめ、看護師など育児、保育に関する相談指導等について相当の知識・経験を有する者で、地域の子育て事情に精通した者となっている。また、開設日数等は週5日以上、1日5時間以上となっている。

（2）認可外保育施設…認可外保育施設であっても、「児童福祉法」により、施設開設の届出が義務付けられている。「児童福祉法」改正前は、乳幼児の数が6名以上となっていたが、改正後は保育する乳幼児の数が1名以上の施設に対して届出義務が課された。

（3）子どもの医療費給付…市町村により多少の違いがあるものの、一般的には乳幼児の医療費給付や、小学生の医療費給付が実施されている。その他、妊産婦の医療費給付やひとり親家庭等の医療費給付、寡婦等の医療費給付等もある。

（4）手当…子育て支援における諸手当に、児童手当、児童扶養手当、特別児童扶養手当等がある。
①児童手当：父母その他の保護者が子育ての第一義責任を有するという基本的認識の下に、家庭等における生活の安定に寄与するとともに、次代の社会を担う児童の健やかな育ちに資することを目的として、児童を養育している者に支給される制度である。支給対象は、15歳到達最初の3月末（中学校3学年修了）までの児童を養育している父母等となる。児童手当には所得制限がある。
②児童扶養手当：次のいずれかにあてはまる児童を監護している母あるいは父、または母あるいは父に代わり児童を養育している人が受給できる。
・父母が離婚を解消した児童
・父（母）が死亡した児童
・父（母）が政令で定める重度の障がいの状態にある児童
・父（母）の生死が明らかでない児童
・父（母）が1年以上遺棄している児童
・父（母）が母（父）の申し立てにより裁判所からDV保護命令を受けた児童
・父（母）が法令により1年以上拘禁されている児童
・母が婚姻によらないで出産した児童
　そして、受給期間は、児童が満18歳になった後の最初の3月31日までで、中度以上の障がいがある児童は20歳になる月までとなっている。
③特別児童扶養手当：精神又は身体に障害を有する児童について手当を支給するこ

とにより、これらの児童の福祉の増進を図ることを目的としている。支給要件は、20歳未満で精神又は身体に障害を有する児童を家庭で監護、養育している父母等となっている。

Ⅳ 子どもの非行に対する支援

1 非行少年とは

　非行少年とは、20歳未満の「①罪を犯した少年」、「②14歳未満の刑罰法令に触れる行為をした児童」、「③将来、罪を犯し、又は刑罰法令に触れる行為をするおそれのある少年」のことである(「少年法」第2条、第3条)。③は、具体的には、「保護者の正当な監督に服しない性癖がある」、「正当な理由なく家庭に寄り附かない」、「犯罪性・不道徳性のある人と交際し、いかがわしい場所に出入りする」、「自己又は他人の徳性を害する行為をする性癖のある」ことである。

　①は刑罰法規に触れた14歳以上で家庭裁判所へ通告された犯罪少年をいう。②は「児童福祉法」では児童という14歳未満で児童相談所へ通告された触法少年をいう。③は虞犯少年をいう。

　2015(平成27)年、少年の刑法犯検挙人数は、2016(平成28)年版『犯罪白書』において殺人、強盗、放火、強姦、暴行、傷害、恐喝、窃盗、詐欺、横領(遺失物等横領を含む)、強制わいせつ、住居侵入、器物損壊、その他がある(表4-1)。

　男女別では、男子42,552人、女子6,696人であり、総数49,248人となっている。その中で、罪名として最も多いのが、窃盗29,662人であり、全体の60.2％を占めている。次に多いのが、遺失物等横領6,356人であり、全体の12.9％である。

　これらの非行少年に対し、国・地方公共団体は、彼らの健全育成をもたらすために性格の矯正・環境調整に関する保護処分を行うとともに少年の刑事事件の措置を講じている(少年法第1条)。児童自立支援施設では、彼らに必要な指導・自立支援・相談援助を行っている(児童福祉法第44条)。

表 6-1 少年による刑法犯検挙人員・少年比（罪名別、男女別）

(平成 27 年)

罪名	少年				女子比
	総数		男子	女子	
総数	49,248	(100.0)	42,552	6,696	13.6
殺　人	64	(0.1)	58	6	9.4
強　盗	437	(0.9)	412	25	5.7
放　火	83	(0.2)	73	10	12.0
強　姦	107	(0.2)	106	1	0.9
暴　行	1,811	(3.7)	1,658	153	8.4
傷　害	3,612	(7.3)	3,294	318	8.8
恐　喝	663	(1.3)	607	56	8.4
窃　盗	29,662	(60.2)	24,783	4,879	16.4
詐　欺	896	(1.8)	763	133	14.8
横　領	6,398	(13.0)	5,795	603	9.4
遺失物等横領	6,356	(12.9)	5,755	601	9.5
強制わいせつ	596	(1.2)	591	5	0.8
住居侵入	1,619	(3.3)	1,466	153	9.5
器物損壊	1,250	(2.5)	1,119	131	10.5
その他	2,050	(4.2)	1,827	223	10.9

注　1　警察庁の統計による。　　2　犯行時の年齢による。
　　3　触法少年の補導人員を含む　4　「遺失物等横領」は、横領の内数である。
　　5　（　）内は、構成比である

法務省『平成 28 年版　犯罪白書』より一部抜粋・改変
http://hakusyo1.moj.go.jp/jp/64/nfm/images/full/h3-1-1-06.jpg（2018 年 7 月 16 日確認）
（中典子「子ども自立支援の福祉」赤木正典、流王治郎編『子ども家庭福祉論　第 3 版』
建帛社、2018 年、pp.162-170）

2　非行対応の制度の変遷

　児童自立支援施設は、1997（平成 9）年の「児童福祉法」改正でその名称を「教護院」から変更された。また、これまでは入所施設であったが通所形態ができた。それにより、「家庭環境を含む環境上の理由で生活指導などを要する場合への対応」も行うようになった。子どもが保護者のもとで生活しながら通所し、施設で指導や家庭環境の調整が必要な場合に対応できるようになった。通所指導では、家庭環境の調整、地域連携、退所後支援などを行う。支援形態は、「小舎夫婦制（伝統的なもの）」と「小舎交代制」の 2 種類がある。そこでは、家庭的・福祉的な関わりを行い、子ども一人一人の立ち

直りと社会的自立に向けた支援を行う。入所については、「少年法」にもとづく家庭裁判所の保護処分などによる場合があるので都道府県等に児童自立支援施設の設置義務が課せられ、大多数が公立施設である。

また、同年の「児童福祉法」改正で、児童自立支援施設への入所児童の義務教育が「就学猶予、就学免除」から「就学義務」となり、教育を受ける権利が明確化された。現在においては、分校・分教室の設置で学校教育が行われている。

3 非行少年への対応の流れ

非行少年のうちで虞犯(ぐはん)少年、触法少年となる場合は、児童相談所や家庭裁判所に通告・送致することになる。児童相談所が受理した場合、家庭裁判所に送致する。家庭裁判所には、「家事事件の調停・審判を行う家事部」と「非行少年の審判・更生のための少年部」がある。家庭裁判所は、まず、少年事件を受理した後、調査官が専門的立場にもとづいて、調査・社会診断・相談援助などを行い、少年の状況を把握する。そのなかで、医学的・心理学的な鑑別が必要とされる場合は、少年鑑別所に少年を送致して精神鑑定をしてもらうようにする。少年審判は、調査官による調査や精神鑑定をもとにして裁判所長が少年に必要な処分を決定する。

具体的には、家庭裁判所では、非行少年を、①保護観察、②少年院入院、③検察官送致、④審判不開始、⑤不処分、⑥児童相談所等送致、⑦児童自立支援施設等送致、⑧少年院での試験観察のいずれかに決定する。

保護観察の場合は、保護観察官や保護司の指導・監督のもとで更生を目指して社会生活を送る。少年院入院の場合は、非行行為を再び起こさないように反省を促す。検察官送致は、14歳以上で罪を犯した場合に刑罰を科すことが相当とされるときになされる。審判不開始と不処分は、非行少年の更生が可能と考えられる時のものである。これは、裁判官や調査官の訓戒や指導等の教育的働きかけ、少年と保護者の受けとめ方によって決められる。児童相談所等送致は、少年が児童福祉機関での指導を受けることが望ましいと考えられる場合になされる。児童自立支援等送致は、14歳未満の児童に対し、開放的な施設で生活指導をすることが望ましいと考えられた場合の対応である。少年院での試験観察は、非行少年を一時的に収容して鑑別・観護処遇を行うことが必要な場合の決定である。少年院では、家庭裁判所から保護処分として送致される14歳から20歳未満の非行少年が入所しており、社会復帰を目指した矯正教育をうけている法務省所管の施設である。少年の年齢、性別、非行の程度、心身の障害をはじめとする一人ひとりの状況に応じて、「初等少年院」、「中等少年院」、「特別少年院」、「医療少年院」で教育を受ける。中学校・高等学校における学校教育に準ずる教科指導、職業指導、生活指導と医療などを受けて社会生活への適応に向けての教育を受けている。

少年（児童）非行は、原則として14歳以上の児童は「少年法」で家庭裁判所が担当し、14歳未満は「児童福祉法」によって児童相談所が担当することになる。非行傾向のある児童への対策や福祉の措置は（図6-1）のとおりである。

　また、少年事件は、警察署が詳細な捜査、調査を行う。その後、14歳以上の児童の場合は家庭裁判所へ書類を送致することになる。14歳未満の触法児童や虞犯児童は児童相談所へ通告するが凶悪事件などの場合は、14歳未満の児童であっても児童相談所長の権限で、家庭裁判所へ送致することになる。なお、14歳以上の児童であっても家庭裁判所が教育上「児童福祉法」にゆだねた方がよいと考える場合は、児童相談所長送致になることがある。

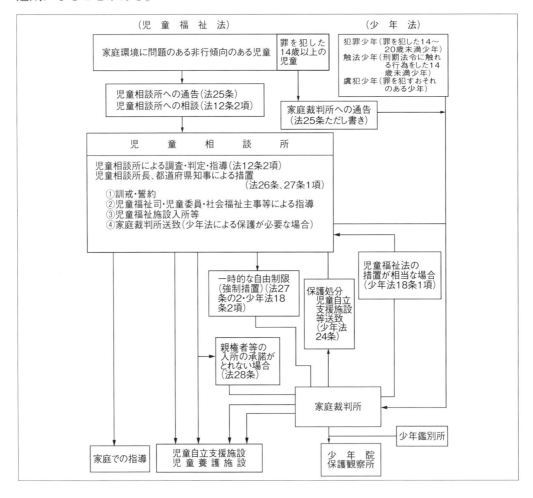

図6-1　非行傾向のある児童への福祉的対応
厚生労働統計協会編『国民の福祉と介護の動向』64（10）2017年、p.105

第6章　児童家庭福祉 －子ども家庭福祉の体系と家庭支援－

4　非行関連の相談支援施策

(1) 法務省関連の非行相談

　少年鑑別所（法務少年支援センターともいう）では、家庭裁判所から送致された少年を鑑別するために、医学的・心理学的診断や面接・助言を行うことで、少年の保護と心身の安定を図るとともに「子どもの非行問題への相談」を受ける。同センターでは、心理学の専門職が話を聞いて状況把握、保護者に少年へのかかわり方に対する助言、そして、少年へのカウンセリングを継続的に行うなどの相談援助を行う。

(2) 児童相談所の非行相談

　児童相談所で非行相談をする際は、例えば、子どもが所属する家庭、小・中学校からの相談・通告の場合、所属集団と連携・事前打ち合せを行い、相互の役割分担を明確にする。そして、子どもの意向・保護者の意思に配慮して対応する。関係機関との連携を行い、情報交換を密にすることで、一体的な相談援助活動が行えるように努めている。非行児童に関する通告を受けた時は、子ども家庭福祉の観点から必要な調査を行う。

　子どもに対する措置は、措置会議で協議される。児童福祉司が子どもに関する調査をもとに社会診断を行い、心理学の専門職・医師が原因を明らかにするために心理学的・医学的検査を行う。なお、行動観察が必要な場合は、子どもを2、3週間一時保護し、措置方法の検討がなされる。措置には、①訓戒誓約、②児童福祉司指導、③家庭裁判所送致、④児童福祉施設への措置などがある。

5　児童福祉施設での非行支援

(1) 児童自立支援施設

　子どもの非行対応をする児童福祉施設の主となるものに児童自立支援施設がある。児童自立支援施設は、「不良行為をなし、又はなすおそれのある児童及び家庭環境その他の環境上の理由により生活指導などを要する児童を入所させ、又は保護者の下から通わせて、個々の児童の状況に応じて必要な指導を行い、その自立を支援し、あわせて退所した者について相談その他の援助を行うことを目的とする施設とする」（「児童福祉法」第44条）とある。「児童福祉施設の設備及び運営に関する基準」（以下、基準と称す）の第10章第79条から第88条に具体的に示されている。

　学科指導は、小学校・中学校・特別支援学校の設備の設置基準に関する「学校教育法」の規定を準用することになっている（基準第79条）。そこでは、児童自立支援専門員、児童生活支援員、嘱託医及び精神科の診療に相当の経験を有する医師・嘱託医、心理療法担当職員、個別対応職員、家庭支援専門相談員、職業指導員、栄養士と調

理員が従事する（基準第80条）。なお、家庭支援専門相談員には、社会福祉士か精神保健福祉士の資格を有する、児童自立支援施設で子どもの指導に5年以上従事した者などの専門性が求められている。心理療法担当職員は、大学の学部で心理学専修の学科、これに相当する課程を修めて卒業した者などで、個人・集団心理療法の技術があり、心理療法に関する1年以上の経験が必要である。児童自立支援専門員は、「医師であって、精神保健に関して学識経験を有する者」、「社会福祉士の資格を有する者」のいずれかであることが求められる（基準第82条）。児童生活支援員は、「保育士の資格を有する者」、「社会福祉士の資格を有する者」、「3年以上児童自立支援事業に従事した者」のいずれかであることが求められる（基準第83条）。

　生活指導・職業指導では、児童がその適性及び能力に応じて自立した社会人として健全な社会生活を営んでいくことができるように支援する。学科指導は、「学校教育法」の規定による学習指導要領を準用している。生活指導・職業指導と家庭環境の調整は、子どもの自主性を尊重して基本的生活習慣を確立する、そして、人間性・社会性を養い、自立生活を営むための知識・経験を得ることができるように行う。職業指導は、勤労の基礎的な能力・態度を育てる、その適性・能力などに応じた職業選択を行うことができるように相談・助言・情報の提供、実習・講習の支援などを行う。家庭環境の調整は、子どもの家庭に応じ、支援する（基準84条）。そのために自立支援計画を策定する（基準第84条の2）。児童自立支援専門員と児童生活支援員のうちの一人が子どもと起居を共にしている（基準第85条）。子どもが通学する学校及び児童相談所、児童家庭支援センター、児童委員、公共職業安定所など関係機関と連携して子どもの指導及び家庭環境の調整にあたる（基準第87条）。入所中の子どもに対する自立支援のため、随時心理学的及び精神医学的診査と教育評価を行う（基準第88条）。

　児童自立支援施設は、①家庭環境の調整、②高校進学や就職に向けての実習指導などの進路支援、③自立援助ホームにつなぐ、などそれぞれにあわせた支援を行う。また、社会生活のために必要なことを訓練することになるソーシャルスキルトレーニングによる自立支援も行う。

（2）児童養護施設
　児童養護施設は、「保護者のない児童、虐待されている児童その他環境上養護を要する児童を入所させて、これを養護し、あわせて退所した者に対する相談その他の自立のための援助を行うことを目的とする施設とする（児童福祉法第41条）」とある。基準の第7章第41条から第47条に具体的に示されている。非行少年の場合には、非行防止に向けての生活支援を行う。また、非行行動を起こした場合は、児童自立支援施設への措置変更になる場合があるので、職員は、子どもの状況を把握し、安定した生活ができるように配慮する。

（3）児童心理治療施設

児童心理治療施設は、以前は情緒障害児短期治療施設とよばれていた施設である。これは、「家庭環境、学校における交友関係その他の環境上の理由により社会生活への適応が困難となった児童を、短期間入所させ、又は保護者の下から通わせて、社会生活に適応するために必要な心理に関する治療及び生活指導を主として行い、あわせて退所した者について相談その他の援助を行うことを目的とする施設とする（児童福祉法第43条の2）」とある。基準の第9章第72条から第78条に具体的に示されている。ここでは、非行防止のために、生活の基盤を安定させること、心理療法を行うことにより、子どもの成長発達を促していくことになる。

＜参考文献＞

小宅理沙「子どもの権利ってどういうこと」流石智子監修・浦田雅夫編
　『知識を活かし実力をつける　子ども家庭福祉』保育出版社、2013年
小宅理沙「子育て支援にサービスの課題」
　井村圭壯・今井慶宗編『現代の保育と家庭支援論』学文社、2015年
山崎由美子『告発　児童相談所が子供を殺す』文藝春秋、2016年
安道理『走れ！児童相談所 発達障害児童虐待、非行と向き合う、新人所員の成長物語』
　メディアイランド、2016年
厚生労働省HP　http://www.mhlw.go.jp/
保育福祉小六法編集委員会編『保育福祉小六法　2018年版』みらい、2018年
公益財団法人児童育成協会監修　新保幸男、小林理編『基本保育シリーズ③　児童家庭福祉　第2版』
　中央法規、2017年
法務省『28年版　犯罪白書』　http://hakusyo1.moj.go.jp/jp/63/nfm/mokuji.html（確認日：2018年4月24日）
裁判所「少年事件の処分について」
　http://www.courts.go.jp/saiban/wadai/1801/index.html（確認日：2018年3月27日）
法務省「子供の非行問題などの相談」
　http://www.moj.go.jp/kyousei1/kyousei_k06-1.html（確認日：2018年3月28日）
厚生労働省「第1章　児童相談所の概要」
　http://www.mhlw.go.jp/bunya/kodomo/dv11/01-01.html（確認日：2018年3月28日）
「知育ノート　児童自立支援施設と少年院との違い」
　http://www.chiikunote.com/entry/jidoujiritsushienshisetsu（確認日：2018年3月29日）
厚生労働省「社会的養護の施設等について」
　http://www.mhlw.go.jp/stf/seisakunitsuite/bunya/kodomo/kodomo_kosodate/syakaiteki_yougo/01.html
　（確認日：2018年4月21日）

厚生労働統計協会編『国民の福祉と介護の動向』64(10)、2017年
中典子「子ども自立支援の福祉」赤木正典、流王治郎編『子ども家庭福祉論　第3版』
　建帛社、2018年、pp.162-170

第7章　高齢者福祉

　高齢化、少子化が社会問題化している。長寿を願い続けてきた社会にとって喜ばしいはずだが、手放しに喜べない一面もある。高齢化は社会に様々な課題を突きつけているとも言える。本章では高齢化が発生する社会の変化やその課題、高齢者を支える社会の仕組みなどを中心に展開する。

I　長寿社会日本

1　高齢者とは

（1）高齢者の区分

　1956（昭和31）年、国際連合の報告書『人口高齢化とその経済的・社会的意味』では65歳以上を高齢者と定義した。我が国では65歳から75歳未満の者を前期高齢者、75歳以上を後期高齢者と区別している。現在は後期高齢者より前期高齢者の方が多いが、2020（令和2）年には、後期高齢者数が前期高齢者を上回ることとなる。2025（令和7）年には、第1次ベビーブーム世代が後期高齢者となり、その数は約2,000万人に達する。

（2）高齢者区分の見直し

　我が国では、年齢だけで区分することに対する見直しも行われつつある[1]。日本老年学会と日本老年医学会が2017（平成29）年1月、高齢者の定義について、従来の「65歳以上」ではなく、「75歳以上」に引き上げるよう提言した。65歳以上の健康状態や知的機能は10～20年前と比べると、5～10歳ほど若返っていると考えられると指摘。65～74歳については、健康で活力がある人が多く、高齢者の準

---

[1] サンケイ新聞 Web 版　2017 年 1 月 5 日　15：22
　　https://www.sankei.com/life/news/170105/lif1701050032-n1.html

備段階である「准高齢者」、75〜89歳を「高齢者」、90歳以上を「超高齢者」という提案がされた。特に、これまで高齢者とされてきた「准高齢者」については、仕事やボランティアなどに積極的に参加し、生き生き活動するよう呼び掛けている。内閣府の「平成15年 年齢・加齢に対する考え方に関する意識調査」（図7-1参照）の結果でも、年齢だけで線引きすることの難しさがみえる。調査によると年齢以外の要素として、①子どもの独立、②年金の受給、③子どもから扶養される、④身体能力の低下、⑤配偶者との死別、⑥要介護など様々なことをきっかけに高齢を意識することがうかがえる。

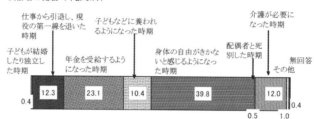

図7-1　高齢者の定義（年齢以外）
内閣府

短命だった時代の高齢者のイメージと比べ、長寿が当たり前になった現代では年齢以外の要素で自らが高齢者であるという意識をもつようになってきている。

2　高齢化の要因

（1）平均寿命の延伸

我が国の平均寿命は、戦後、国民の生活環境が改善し、医学が進歩したことによって、急速に延伸し、世界有数の長寿国となった（表7-1参照）。一方で人口の急速な高齢化とともに、生活習慣病及びこれに起因して認知症、寝たきり等の要介護状態等になる者の増加は深刻な社会問題となっている。特に後期高齢者の増加は社会保障全体に大きな影響を与えるものである。高齢になるほど身体能力の低下により、医療や介護を必要とする人は増え、社会的なコストは年々増加している。

表7-1　平均寿命の推移と将来設計

平均寿命の推移と将来推計

	1950年	1960年	1970年	1980年	1990年	2000年	2010年	2020年	2030年	2040年	2050年	2060年
男	58.00才	65.32才	69.31才	73.35才	75.92才	77.72才	79.64才	80.93才	81.95才	82.82才	83.55才	84.19才
女	61.50才	70.19才	74.66才	78.76才	81.90才	84.60才	86.39才	87.65才	88.68才	89.55才	90.29才	90.93才

国立社会保障人口問題研究所日本の将来推計人口（平成29年推計）から作成

（2）高齢化率の上昇

国連人口部の定義では、高齢化とは「高齢人口の相対的増加と年少人口の相対的減少」とされている。高齢化の要因は死亡率の低下（平均寿命の伸長）にともなう65歳以上人口の増加（高齢化率の上昇）と少子化による年少人口の減少である。高齢化率は人口に占める65歳以上人口の割合をいう。2017（平成29）年、我が国の高齢率は27.7％に達した。世界の中で最も高齢化率が高い国である。高齢化率は、表7-2にあるように戦後一貫して上昇しているが、今後も増え続けると推定されている。

表7-2　高齢化率の推移

高齢化率の推移

	1950	1960	1970	1980	1990	2000	2010	2015	2020	2025	2060
高齢化率	4.9%	5.7%	7.1%	9.1%	12.1%	17.4%	23.0%	26.8%	29.1%	30.3%	39.9%

平成27年版高齢社会白書概要版「高齢化の現状と将来像」から作成

3　日本の高齢化の特徴

（1）超高齢社会

高齢化には段階があり、高齢化率が7％を超えると「高齢化社会」（1970（昭和45）年到達）、14％を超えると「高齢社会」（1994（平成6）年到達）、21％を超えると「超高齢社会」（2004（平成16）年到達）という。我が国は高齢化率が高いことに加え、高齢化の速度が早いことが特徴である。高齢化の速度を表す指標に「倍加年数」（表7-3参照）があるが、これは高齢化率が7％から14％に達するのにかかる年数のことをいう。諸外国と比べて短いことが特徴である。

表7-3　諸外国の倍加年数

諸外国の倍加年数

	7%	14%	倍加年数
韓　　　　国	1999年	2017年	18年
中　　　　国	2002年	2025年	23年
日　　　　本	1970年	1994年	24年
ド　イ　ツ	1932年	1972年	40年
イ　ギ　リ　ス	1929年	1975年	46年
ア　メ　リ　カ	1942年	2014年	72年
スウェーデン	1887年	1972年	85年
フ　ラ　ン　ス	1864年	1979年	115年

「平成28年厚生労働白書」から作成

（2）地域格差

日本の高齢化率は地域格差がある。平成29年版高齢社会白書によると2015（平成27）年時点で、都道府県別で最も高齢化率が高いのは秋田県の33.8％で、最も低いのは沖縄県19.6％となっている。高齢化率は都市部では低い傾向にあり、地方では高くなっている。しかし地域格差は高齢化率だけでは捉えきれない。都市部では人口が多いため、高齢者の人数が多くなる。東京都の高齢化率は22.7％で全国平均より低いが、老年人口は約300万人と全国で最も多い。高齢化率が最も高い秋田県の高齢者数は34万3,000人であり、東京都の10分の1である。地域の実情の応じた対策が必要である。

（3）年齢三区分別人口のバランス

社会全体の人口のバランスを表す指標に年齢三区分別人口がある（表7-4）。高齢化率の上昇は社会全体の年齢バランスが歪になることでもある。社会保障を考える際、このバランスが大きな問題となる。社会保障は世代間の助け合いという意味合いが大きい。支える側の人数が多く、支えられる側の人数が少なければ現役世代の負担は小さくなる。しかし現状は支えられる側の老年人口が増加する一方で、生産年齢人口や、いずれ支える側に回る年少人口が減少し続けていることが今後の社会の大きな課題になりつつある。

表7-4　年齢三区分別人口の推移

年齢三区分別人口の推移

	1950年	1960年	1970年	1980年	1990年	2000年	2010年	2025年	2060年
年少人口	35.4%	30.0%	23.9%	23.5%	18.2%	14.6%	13.1%	11.0%	9.1%
生産年齢人口	59.7%	64.2%	69.0%	67.4%	69.7%	68.1%	63.8%	58.7%	50.9%
老年人口	4.9%	5.7%	7.1%	9.1%	12.1%	17.4%	23.0%	30.3%	39.9%

※平成28年厚生労働白書 p.6から作成　2025年、2060年については推計値

1965（昭和40）年には一人の高齢者を9.1人の現役世代で支えていたが、2012（平成24）年には2.4人となり、高齢化率が最も上昇する2050年頃には1.2人で支える時代がやってくる。

図7-2　胴上げ型から肩車型

厚生労働省「明日の安心　社会保障と税の一体改革を考える」
www.mhlw.go.jp/seisakunitsuite/bunya/.../dl/panf.pdf

（4）元気で長生きするためには

　すべての国民が健やかで心豊かに生活できる活力ある社会とするためには、従来の健康診査等による早期発見・早期治療だけでなく、生活習慣を改善して健康を増進し、生活習慣病等の発病を予防することに重点を置いた対策を強力に推進していく必要がある。

　認知症や寝たきり、疾病に罹患することなく健康に生活できる健康寿命の伸長等を図っていくことが社会的に極めて重要である。そして伝統的な高齢者に対するイメージを脱却し、新たな高齢者像を構築する必要がある。

II　社会の変化と高齢者

1　産業構造の変化と核家族化

　長寿化は戦後、急激に進展している。死亡率の低下や年少人口の減少が要因だが、社会的には公衆衛生の完備、栄養状態の改善、医療制度の整備などが大きな要素である。

（1）戦前の日本

　戦前の社会の特徴は豊富な「家族力」「地域力」があり、「老後が短い」ことだった。「親孝行」という言葉に象徴されるように、老後の不安や問題を家族、親族、地域で解決することが当然だった。現在と違い家族の助け合いを補完する制度はほとんどなかった。

　寿命が延びる一方で、家族にも変化が起こってきた。伝統的に我が国では大家族と呼ばれる三世代以上で同居する世帯が多かった。大家族は家族で支え合うため、家事や子育て、看護、介護等の機能が多く備わっていた。高齢者にとっては老後を不安なく過ごすための安心材料であった。

（2）戦後の社会変化

　しかし戦後、社会は大きく変化し、家族の仕組みに大きな影響をあたえた。戦後から高度成長期を経て現在に至るまでに、第一次産業（農林水産業）中心から第二次産業（製造業）中心、そして第三次産業（サービス業）中心に産業構造が変化した。産業構造の変化は単に産業だけにとどまらず社会に大きな影響を与えた。第一次産業中心の時代は農業に代表されるように土地に縛られるため、人の移動も少なく大人数の家族で農作業等に従事していた。

表 7-5　産業別就業者割合の推移

	1920年 大正9年	1940年 昭和15年	1960年 昭和35年	1980年 昭和55年	1990年 平成2年	2005年 平成17年	2010年 平成22年
第一次産業	53.8%	44.3%	32.7%	10.9%	7.1%	5.1%	4.2%
第二次産業	20.5%	26.0%	29.1%	33.6%	33.3%	25.9%	25.2%
第三次産業	23.7%	29.0%	38.2%	55.4%	59.0%	67.3%	70.6%

2005年国勢調査結果の概要、平成22年国勢調査結果の概要から作成

（3）都市化と過疎化

　第二次産業に転換するに伴い、人口が都市部に移動する都市化がおこった。職業を求めて都市部に移動するのは比較的若い世代なので、農山村の過疎化をもたらすことになる。過疎化は地方や農山村の高齢化を伴うものであった。第一次産業中心の社会では大家族が多かったが、第二次産業中心に転換する中で家族は核家族中心に変化していった。

2　高齢者と家族・世帯人数の変化

（1）世帯人数の減少

　家族の人数が多い時代には、家族間での助け合いが容易だった。しかし社会の都市化、近代化に伴い家族は縮小し続けている。『平成28年版厚生労働白書』によると、三世代世帯は1986（昭和61）年には44.8％だが2015（平成27）年には12.2％まで減少している（表7-6参照）。一方で単独世帯は1986（昭和61）年13.1％であったものが2015（平成27））年には26.3％となり増加の一途である。単独世帯の中では、高齢女性を中心に単身高齢世帯の増加が顕著である。

表 7-6　世帯構造別に見た65才以上の者のいる世帯数の構成割合

	単独世帯	夫婦のみ世帯	親と未婚の子のみ	三世代世帯	その他世帯
1986年	13.1%	18.2%	11.1%	44.8%	12.7%
1995年	17.3%	24.2%	12.9%	33.3%	12.2%
2001年	19.4%	27.8%	15.7%	25.5%	11.6%
2010年	24.2%	29.2%	18.5%	16.2%	11.2%
2015年	26.3%	31.5%	19.8%	12.2%	10.1%

平成28年度　厚生労働白書 p.18から作成

（2）未婚率の増加

　現在高齢期を迎えている世代は婚姻率が高いことが特徴である。昨今、生涯未婚率の上昇が取り上げられることが多いが、今後の社会の特徴として生涯一度も結婚せず老後を迎える人が増加することが予想される（表7-7参照）。既存の社会システ

ムは家族がいることを前提にしたものが多いので、単身者の増加への対応が課題である。既婚、未婚にかかわらず、老後は単身で生活することが当たり前になってきており、孤独死や孤立を予防し、単身高齢者を支えることが喫緊の課題である。

表7-7 50歳の時点での未婚率（生涯未婚率）

	1970年	1980年	1990年	2000年	2010年	2015年	2035年
男	1.7%	2.6%	5.6%	12.6%	20.1%	23.4%	29.0%
女	3.3%	4.5%	4.3%	5.8%	10.6%	14.1%	19.2%

2035年の数値は2010年の国勢調査結果に基づく推計値

3 高齢者自身の意識の変化

高齢者は弱者として社会的に擁護すべき対象として捉えられてきたが、高齢者自身の意識も変わりつつある。社会保険を中心とした制度が整備されるのにともない、子世代を頼らず自立した生活を営みたいと考える高齢者が増加しつつある。高齢者の意識として子どもを頼るのではなく、できるだけ子世代に世話にならず迷惑をかけたくないと考える人が増加している。今後も老夫婦世帯や独居の高齢者が増加する中、社会的に支援する制度で支える仕組みの充実が必要である。

Ⅲ 老後を支える諸制度

多くの国民が普遍的に抱える問題に備える制度として、社会保険制度がある。老後の不安には様々なものがあるが、代表的な不安に健康、経済、介護がある。伝統的家族にはこれらの不安を解決する機能があったが、現代社会では期待しにくくなっている。寿命が長くなることで、過去と比べ老後の不安は増しているとも言える。家族力の低下と同時に老後の不安材料は増しているのである。それらの不安を解消するのが社会保険である。

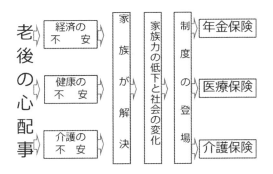

図7-3 高齢者をささえる社会保険制度
筆者作成

1　経済の不安

（1）年金保険制度

　我が国では1961（昭和36）年に国民皆年金制度が始まった。現役時代の収入や職業により、年金額は一律ではないが老後の経済を保障する意義は大きい。「平成27年度第8回高齢者の生活と意識に関する国際比較調査」によると、老後の収入に占める公的年金保険の割合は、約7割と大きい。また先進国の中で、最も働き続ける高齢者の割合が多いのも特徴である。働き続ける理由は、「収入が欲しいから」49％、「仕事が面白い、自分の活力になる」16.9％、「体に良いから、老化を防ぐから」24.8％など多様である。

　従来、年金の給付を受けるためには、25年以上保険料を支払うことが必要だったが、2017（平成29）年から無年金者を減らすために10年以上支払えば受給権が発生する仕組みに変わった。年金は基本的に65歳から支給されるが、多くの企業では定年が60歳である。60歳定年で年金支給が65歳だと無収入の期間が発生するため、定年の延長など働き続けることができることが求められている。

（2）就労

　2013（平成25）年より、高齢者が年金受給開始まで意欲的に能力を生かし働き続けられるように、「高年齢者等の雇用の安定等に関する法律」（高年齢者雇用安定法）の一部が改正された。本人が希望すれば65歳まで雇用を継続できる仕組みになっている。また『平成30年版高齢社会白書』によると、男性の就業者の割合は65～69歳で54.8％、70～74歳で34.2％、女性の就業者の割合は、65～69歳で34.4％、70～74歳で20.9％となっている。労働力人口に占める65歳以上の割合は年々増加し、公的年金を受給する年齢になっても多くの高齢者が働いているといえる。平成29年国民生活基礎調査によると、2017（平成29）年高齢者世帯の平均所得は318.6万円で、公的年金・恩給が211.2万円（66.3％）、稼働所得は70.9万円（22.3％）となっている。所得における公的年金の占める割合は大きいが、働く理由として「収入が欲しい」49.0％、「働くのは体によい、老化を防ぐ」24.8％、「仕事が面白い、自分の活力になる」16.9％、「仕事を通じて収入や仲間を得られる」7.1％、「その他」2.2％となっている。働くことが、収入、健康、孤立などの不安防止になっていることがうかがえる。少子高齢化が進む中、労働人口はますます減少していく。政府は労働人口を確保するための働き方改革が必要不可欠であるとし、「働き方実現会議」を継続して行っている。高齢者も社会の一員として働き続けることができる、多様な就労形態が求められている。

2　健康の不安

(1) 医療保険制度

　年金保険と同様に 1961（昭和 36）年に国民皆保険制度が整った。皆保険制度によって原則としてすべての国民が医療保険に加入した。その後、1973（昭和 48）年から 1982（昭和 57）年までの 10 年間、70 歳以上の一定の高齢者の医療費が無料の時期もあった。現在では年齢や収入によって自己負担割合は変わるが、安心して医療を受けることができる仕組みである。また高額な医療費の支払いによって貧困に陥らないようにするための制度として高額療養費制度がある。この制度では毎月の支払額の上限が決まっているので高額の医療費の支払いによる貧困を予防している。

(2) 入院と在宅医療

　高齢化が進む中、今後も医療が必要な高齢者は増加する。治療だけでなく高齢者が最期を迎える場所としても機能しており我が国では終末期を医療機関で迎える者の割合は 75％以上を占めている。しかし「終末期医療に関する調査」によると、「必要になれば医療機関等を利用したい者」も含め 60％以上の国民が、「自宅で療養したい」と回答している。2006（平成 18 年）に創設された在宅療養支援診療所は 24 時間体制で往診や訪問看護を行い、入院機関と連携し、希望すれば自宅での看取りの支援も行う診療所である。今後も住み慣れた地域で暮らし続けられるよう在宅医療の充実が望まれる。

3　介護の不安

(1) 介護保険制度

　老後の介護に対する不安は高齢者だけでなく、すべての世代にとって共通する不安といえる。家族による介護を期待できなくなる一方、長寿化が進行することで老後を安心して過ごすために介護を社会的に行う必要が生じた。「介護の社会化」をスローガンにして 2000（平成 12）年に介護保険制度が始まった。「介護保険事業状況報告の状況」によると制度創設以来 17 年が経過し、創設当初の要介護、要支援者数 218 万人が 2018（平成 30）年には約 644 万人に増加している。認定者の増加に伴い、在宅サービスを利用しながら住み慣れた地域で暮らし続ける高齢者が増加している。

(2) 介護予防・日常生活支援総合事業（総合事業）

　要介護状態にならないように、地域では様々な取り組みがなされている。2015（平成 27）年「介護保険法」の一部改正から「介護予防・日常生活支援総合事業」がス

タートした。厚生労働省は「総合事業は、市町村が中心となって、地域の実情に応じて、住民等の多様な主体が参画し、多様なサービスを充実することで、地域で支え合う体制づくりを推進し、要支援者等に対する効果的かつ効率的な支援等を可能とすることを目指すもの。」としている。総合事業の対象は65歳以上で、ひきこもりや虚弱状態ではあるが、要介護認定が非該当の者も必要に応じてサービスが受けられる。またサービスの提供は、既存の介護保険の事業所だけでなく、地域住民のボランティアも可能になった。サロンやカフェの運営、見守り声賭け活動など高齢者自身がサービスの担い手になり活動の場を広げることができるようになっている。

4　住み慣れた地域で生活するためのネットワークづくり

これからの社会は高齢者を総合的に支えていくことが求められている。制度だけでなく、地域の助け合いが求められている。団塊の世代が75歳以上となる2025年を目途に、重度な要介護状態となっても住み慣れた地域で自分らしい暮らしを人生の最後まで続けることができるよう、住まい・医療・介護・予防・生活支援が一体的に提供される地域包括ケアシステムの構築の実現を目指さなければならない。

今後、認知症高齢者、要介護高齢者の増加が見込まれることから、地域での生活を支えるためにも、地域包括ケアシステムの構築が重要である。

＜参考文献＞
「平成27年国勢調査人口等基本調査結果」
「平成28年国民生活基礎調査結果の概要」
「平成27年国勢調査人口速報集計　結果の概要」
厚生労働省編『平成28年版厚生労働白書』
「平成29年簡易生命表」
内閣府『平成30年高齢社会白書』
「平成27年度 第8回高齢者の生活と意識に関する国際比較調査結果」
厚生統計協会『国民の福祉の動向2018年9月号』
『社会福祉の動向』中央法規、2018年
立花直樹、波多野英治編著『社会福祉概論』ミネルヴァ書房、2018年

第8章　障がい児・者福祉

Ⅰ　障がい者の概況と障害福祉の理念

1　障がい児・者の定義

　障がい者についての法律上の定義は次のものがある。「障害者基本法」第2条第1号は、障がい者を「身体障害、知的障害、精神障害（発達障害を含む。）その他の心身の機能の障害（以下「障害」と総称する。）がある者であって、障害及び社会的障壁により継続的に日常生活又は社会生活に相当な制限を受ける状態にあるもの」としている。また「障害者総合支援法」第4条は「身体障害者福祉法第5条に規定する身体障害者、知的障害者福祉法にいう知的障害者のうち18歳以上である者及び精神保健及び精神障害者福祉に関する法律第5条に規定する精神障害者（発達障害者支援法（略）第2条第2項に規定する発達障害者を含み、知的障害者福祉法にいう知的障害者を除く。以下「精神障害者」という。）のうち18歳以上である者並びに治療方法が確立していない疾病その他の特殊の疾病であって政令で定めるものによる障害の程度が厚生労働大臣が定める程度である者であって18歳以上であるものをいう。」と定める。

　一方、障がい児については「児童福祉法」に規定がある。同法第4条第2項によれば、障害児とは「身体に障害のある児童、知的障害のある児童、精神に障害のある児童（発達障害者支援法（略）第2条第2項に規定する発達障害児を含む。）又は治療方法が確立していない疾病その他の特殊の疾病であつて障害者の日常生活及び社会生活を総合的に支援するための法律（略）第4条第1項の政令で定めるものによる障害の程度が同項の厚生労働大臣が定める程度である児童」をいうとしている。

　これら規定から分かるように、現在、身体・知的・精神の三障害に加えて、「治療方法が確立していない疾病その他の特殊の疾病」すなわち難病の患者も障がい児・者の定義に加えられている。

2　障がい者の概況

『平成29年版障害者白書』によれば「身体障害、知的障害、精神障害の3区分で障害者数の概数をみると、身体障害者392万2千人、知的障害者74万1千人、精神障害者392万4千人」「人口千人当たりの人数で見ると、身体障害者は31人、知的障害者は6人、精神障害者は31人」「国民のおよそ6.7％が何らかの障害を有している」である[1]。ただし、何らかの障害を有しつつもこれら統計から漏れている場合が少なくないと考えられる。

3　障がい福祉の理念

障がい福祉の理念について、ここではノーマライゼーションとユニバーサルデザインについてみてみよう。

（1）ノーマライゼーション

ノーマライゼーションとは「障がいのある者も障がいがない者と同等に生活し活動する社会を目指す理念であり、そのために生活条件や環境条件の整備を行い、ほかの市民に与えられているのと同じ条件を提供すること」である。1950年代、デンマークにおいて知的障がい者の福祉向上運動が家族会によって行われていた。デンマーク社会省の行政官であったバンク＝ミケルセンらもこの運動に関わっていたが、ノーマライゼーションはその中から生まれたものである。

（2）ユニバーサルデザイン

生活上の各種の障壁を除去する考え方として、バリアフリーが提唱されてきたが、バリアフリーはいわば後でバリアを取り除くことであるのに対して、初めからバリアを作らない（万人が使いやすい）ユニバーサルデザインの考え方が浸透してきつつある。「障害者の権利に関する条約」の日本政府公定訳によれば、ユニバーサルデザインとは、「調整又は特別な設計を必要とすることなく、最大限可能な範囲で全ての人が使用することのできる製品、環境、計画及びサービスの設計をいう。ユニバーサルデザインは、特定の障害者の集団のための補装具が必要な場合には、これを排除するものではない。」とされる（第2条）。

---

[1]　すなわち、ICIDHが「身体機能の障害による生活機能の障害（社会的不利）を分類するという考え方が中心で合ったのに対し、ICFはこれらの環境因子という観点を加え、例えば、バリアフリー等の環境を評価できるように構成されている」と指摘する。

4 国際生活機能分類（ICF）

国際生活機能分類（ICF）は2001（平成13）年5月、世界保健機関（WHO）総会で採択された。国際生活機能分類、従来の国際障害分類で用いられていた、「機能障害」「能力障害」「社会的不利」はそれぞれ、「心身機能・身体構造」「活動」「参加」と価値中立の表現に改められている。厚生労働省によれば「この特徴は、これまでのWHO国際障害分類（ICIDH）がマイナス面を分類するという考え方が中心であったのに対し、ICFは、生活機能というプラス面からみるように視点を転換し、さらに環境因子等の観点を加えたことである」とされる（これらの関係については図8-1）。

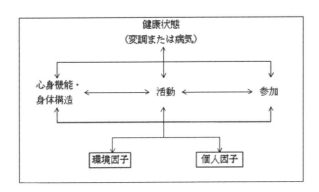

図8-1　ICFの構成要素間の相互作用

厚生労働省社会・援護局障害保健福祉部企画課「『国際生活機能分類－国際障害分類改訂版－』（日本語版）の厚生労働省ホームページ掲載について」
www.mhlw.go.jp/houdou/2002/08/h0805-1.html　2018年7月3日

Ⅱ　障がい福祉の政策・施策

1　障害者基本計画（第4次）

障害者基本計画は、「障害者基本法」第11条第1項に基づき、障害者の自立及び社会参加の支援等のための施策の総合的かつ計画的な推進を図るために策定されるものであり、政府が講ずる障害者のための施策の最も基本的な計画として位置付けられている。障害者基本計画（第4次）の対象期間は、2018（平成30）年度からの5年間である。

障害者基本計画（第4次）は「Ⅰ障害者基本計画（第4次）について」「Ⅱ基本的な考え方」「Ⅲ各分野における障害者施策の基本的な方向」の3つからなる。このうち「Ⅱ基本的な考え方」では、基本計画全体の基本理念及び基本原則を示すとともに、各分

野に共通する横断的視点や、施策の円滑な推進に向けた考え方を示している。「Ⅲ各分野における障害者施策の基本的な方向」では、障がい者の自立及び社会参加の支援等のための施策を11の分野に整理し、それぞれの分野について、本基本計画の対象期間に政府が講ずる施策の基本的な方向を示している。

2　障害者権利条約

「障害者権利条約」は「障害者の人権及び基本的自由の享有を確保し、障害者の固有の尊厳の尊重を促進することを目的として、障害者の権利の実現のための措置等について定める条約」である。2006（平成18）年に国連総会にて採択され、2008（平成20）年に発効した。日本は2014（平成26）年に批准した。

一般原則として（a）固有の尊厳、個人の自律（自ら選択する自由を含む）及び個人の自立の尊重、（b）無差別、（c）社会への完全かつ効果的な参加及び包容、（d）差異の尊重並びに人間の多様性の一部及び人類の一員としての障害者の受入れ、（e）機会の均等、（f）施設及びサービス等の利用の容易さ、（g）男女の平等、（h）障害のある児童の発達しつつある能力の尊重及び障害のある児童がその同一性を保持する権利の尊重を定めている。そのほか、締約国の一般的義務、各種の権利についての定めがある。

また、「障害者が他の者との平等を基礎として全ての人権及び基本的自由を享有し、又は行使することを確保するための必要かつ適当な変更及び調整であって、特定の場合において必要とされるものであり、かつ、均衡を失した又は過度の負担を課さないもの」を合理的配慮と定義している（第2条）。

3　障がい種別ごとの根拠法と手帳制度

身体障がい者は「身体障害者福祉法」、知的障がい者は「知的障害者福祉法」、精神障がい者は「精神保健及び精神障害者福祉に関する法律」がそれぞれの障がい施策の根本となる法律である。これらとともに各種の法令が存在する。発達障がい者については「発達障害者支援法」がある。

また、障がい者に関する手帳制度として身体障害者手帳（「身体障害者福祉法」）・療育手帳（厚生事務次官通知「療育手帳について」）・精神障害者保健福祉手帳（「精神保健福祉法」）がある。これら手帳の所持により障がいを有することの証明となり、また各種の費用の減免を始めとする優遇を受けることができる場合がある。

4　障害者総合支援法

2006（平成18）年、「障害者自立支援法」が施行された。しかしこの「障害者自立支

援法」についてはさまざまな課題が指摘された。2009（平成21）年に「障がい者制度改革推進本部」が内閣に設置された。これは「障害者権利条約」締結に必要な国内法の整備など障害者制度の集中的な改革を行うためのものであった。障がい者制度改革推進本部等で「障害者自立支援法」は改正が検討された。そして、①障がい児者を権利の主体と位置づけた基本理念を設ける、②障がい児関係のサービスは「児童福祉法」に再整理する、③難病も対象に加えるなどの改正が行われるとともに法律名も「障害者総合支援法」に変更され、2013（平成25）年4月に施行された。

「障害者総合支援法」は、「障害者基本法」の基本的な理念にのっとり、「身体障害者福祉法」、「知的障害者福祉法」、「精神保健及び精神障害者福祉に関する法律」、「児童福祉法」、その他障害者及び障害児の福祉に関する法律と相まって、障害者及び障害児が、基本的人権を享有する個人としての尊厳にふさわしい、日常生活又は社会生活を営むことができるよう、必要な障害福祉サービスに係る給付、地域生活支援事業その他の支援を総合的に行い、もって障害者及び障害児の福祉の増進を図るとともに、障害の有無にかかわらず、国民が相互に人格と個性を尊重し、安心して暮らすことのできる地域社会の実現に寄与することを目的としている（第1条）。自立支援給付（第2章）、地域生活支援事業（第3章）、事業及び施設（第4章）、障害福祉計画（第5章）などを定めている。

給付・事業として、介護給付、訓練等給付、相談支援、自立支援医療、補装具、地域生活支援事業等がある（図8-2参照）。

旧「障害者自立支援法」では1割の定率負担のあり方が問題となったが、「利用者等の家計の負担能力その他の事情をしん酌して定める額」（但し、その利用者負担額が、障害福祉サービス等に要した費用の1割の額を超えるときは、その1割の額）と整理された。

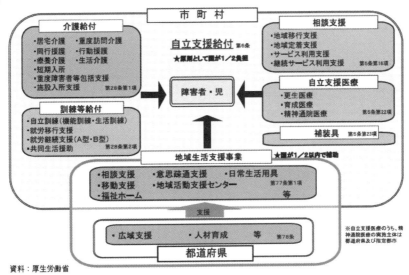

図8-2　障害者総合支援法における給付・事業

内閣府編集『平成29年版障害者白書』101頁、勝美印刷、2017年

5　自立支援医療

　自立支援医療とは、障害者等につき、その心身の障害の状態の軽減を図り、自立した日常生活又は社会生活を営むために必要な医療であって政令（「障害者総合支援法施行令」）で定めるものをいう（「障害者総合支援法」第5条第24号）。該当するものについて医療費の自己負担額を軽減する制度である。「障害者総合支援法施行令」第1条の2では以下の3種類の医療が定められている。

（1）育成医療…障害児のうち、厚生労働省令で定める身体障害のある者の健全な育成を図るため、当該障害児に対し行われる、生活の能力を得るために必要な医療。
（2）更生医療…「身体障害者福祉法」第4条に規定する身体障害者のうち、厚生労働省令で定める身体障害のある者の自立と社会経済活動への参加の促進を図るため、当該身体障害者に対し行われる、その更生のために必要な医療。
（3）精神通院医療…精神障害の適正な医療の普及を図るため、「精神保健及び精神障害者福祉に関する法律」第5条に規定する精神障害者のうち、厚生労働省令で定める精神障害のある者に対し、当該精神障害者が病院又は診療所へ入院することなく行われる精神障害の医療。

6　障害を理由とする差別の解消の推進に関する法律（「障害者差別解消法」）

　「障害者差別解消法」は2013（平成25）年6月に成立・公布され、2016（平成28）年に施行された。この法律は、「障害者基本法」の基本的な理念にのっとり、「全ての障害者が、障害者でない者と等しく、基本的人権を享有する個人としてその尊厳が重んぜられ、その尊厳にふさわしい生活を保障される権利を有することを踏まえ、障害を理由とする差別の解消の推進に関する基本的な事項、行政機関等及び事業者における障害を理由とする差別を解消するための措置等を定めることにより、障害を理由とする差別の解消を推進し、もって全ての国民が、障害の有無によって分け隔てられることなく、相互に人格と個性を尊重し合いながら共生する社会の実現に資すること」（第1条）を目的としている。

7　就労施策

　障がい者雇用に関しては「障害者の雇用の促進等に関する法律」が定められている。同法は、「障害者の雇用義務等に基づく雇用の促進等のための措置、雇用の分野におけ

る障害者と障害者でない者との均等な機会及び待遇の確保並びに障害者がその有する能力を有効に発揮することができるようにするための措置、職業リハビリテーションの措置その他障害者がその能力に適合する職業に就くこと等を通じてその職業生活において自立することを促進するための措置を総合的に講じ、もつて障害者の職業の安定を図ること」を目的としている。この法律によって障害者雇用の法定雇用率制度が設けられている。これは2018（平成30）年4月から引き上げられ、民間企業2.2％、国・地方公共団体2.5％、都道府県等の教育委員会2.4％となった。さらに2018（平成30）年4月からは、障害者雇用義務の対象として精神障害者が加えられた。法定雇用率の表裏の関係として、法定雇用率の対象であり法定雇用率を満たしていない事業所は、障害者雇用納付金が徴収される。

8　特別支援教育

　文部科学省によれば、特別支援教育とは「障害のある幼児児童生徒の自立や社会参加に向けた主体的な取組を支援するという視点に立ち、幼児児童生徒一人一人の教育的ニーズを把握し、その持てる力を高め、生活や学習上の困難を改善又は克服するため、適切な指導及び必要な支援を行うもの」とされている。2007（平成19）年4月から、「特別支援教育」が「学校教育法」に位置づけられ、すべての学校において、障害のある幼児児童生徒の支援をさらに充実していくこととなった。「学校教育法」の改正により、2007（平成19）年度から養護学校・盲学校・聾学校は特別支援学校に移行した。また従来の特殊学級は特別支援学級に名称変更された。このほか通級による指導も行われている。

Ⅲ　障がい福祉の課題

　わが国が目指す方向性の一つとして、「共生社会」がある。この共生社会の定義について、例えば文部科学省ホームページによれば、「これまで必ずしも十分に社会参加できるような環境になかった障害者等が、積極的に参加・貢献していくことができる社会である。それは、誰もが相互に人格と個性を尊重し支え合い、人々の多様な在り方を相互に認め合える全員参加型の社会」とされている。この共生社会の実現を目指して官民で様々な取り組みがなされている。「障害の有無にかかわらず、国民誰もが互いに人格と個性を尊重し支え合って共生する社会を目指し、障害者の自立と社会参加の支援等を推進」し、内閣府は「障害者施策に関する企画・立案や総合調整を担う官庁として、施策全体の基本的な計画等を定めるとともに、関係省庁及び地方公共団体な

どと連携し様々な施策を実施」するとしている。教育・就労支援を始めとするあらゆる分野でこの実現に向けての取り組みがなされなければならない。

＜引用文献＞
1) 内閣府編『平成29年版障害者白書』勝美印刷、2017年、p.217
2) 福祉士養成講座編集委員会編『障害者福祉論（第2版）』中央法規、2003年、p.308
3) 厚生労働省社会・援護局障害保健福祉部企画課「「国際生活機能分類－国際障害分類改訂版－」（日本語版）の厚生労働省ホームページ掲載について」
   http://www.mhlw.go.jp/houdou/2002/08/h0805-1.html　2018年7月8日アクセス
4) 外務省HP「障害者の権利に関する条約」
   http://www.mofa.go.jp/mofaj/gaiko/.../index_shogaisha.html　2018年7月17日アクセス
5) 文部科学省「特別支援教育について」http://www.mext.go.jp/a_menu/shotou/tokubetu/main.htm
   2018年7月7日アクセス
6) 文部科学省HP　http://www.mext.go.jp/b_menu/shingi/chukyo/.../1325884.htm
   2018年7月10日アクセス
7) 内閣府HP　http://www.mext.go.jp/b_menu/shingi/chukyo/.../1325884.htm
2018年7月10日アクセス

＜参考文献＞
社会福祉士養成講座編集委員会『新・社会福祉士養成講座14　障害者に対する支援と障害者自立支援制度』
　中央法規、2015年
福祉臨床シリーズ編集委員会編『障害者に対する支援と障害者自立支援制度＜第4版＞』弘文堂書房、
　2018年

第9章　社会福祉領域における専門機関

I　国の社会福祉行政機関

1　厚生労働省

　社会福祉の実施に責任をもつ国の行政機関は厚生労働省である。厚生労働省は、2001（平成13）年1月の中央省庁再編により、それまでの厚生省と労働省を再統合して誕生した。つまり、2つの省庁の目的が一つになった組織である。「厚生労働省設置法」第3条第1項では、その任務を「国民生活の保障及び向上を図り、並びに経済の発展に寄与するため、社会福祉、社会保障及び公衆衛生の向上及び増進並びに労働条件その他の労働者の働く環境の整備及び職業の確保を図ること」と定めている。つまり、厚生労働省は、社会福祉や社会保障、公衆衛生や労働環境の改善、職業の安定などを統合的・一体的に推進していくことを組織の目的としている。

　厚生労働省の組織図は、図9-1に示す通りである。この組織図のうち、社会福祉行政と深い関わりがあるのは、「子ども家庭局」「社会・援護局」「老健局」である。これら3つの局は、それぞれ以下のような社会福祉サービスを実施している。

　「子ども家庭局」は、2017年に実施された組織再編の際に、子ども・子育て支援に特化した局として新設された。保育課、家庭福祉課、子育て支援課、母子保健課など5つの課があり、保育・子育て人材や児童相談所等の子育て支援基盤の一体的整備、切れ目のない子育て仕事両立支援の推進、虐待防止対策と連携した社会的養育の推進体制の強化を図っている。具体的には、待機児童対策、放課後児童対策、ひとり親家庭支援、母子保健医療対策などに関する業務を行っている。「社会・援護局」には、地域福祉課、福祉基盤課、など7つの課があり、福祉事務所、福祉人材確保、ボランティアの基盤整理、生活保護制度の運営、ホームレス対策など、幅広い業務を行っている。また、「社会・援護局」の中にある「障害保健福祉部」では、ノーマライゼーションの理念のもと、障がい者の自己決定を重んじた「障害者総合支援法」に関わる業務などを行っ

ている。「老健局」には、介護保険計画課、高齢者支援課、老人保健課など5つの課があり、超高齢化社会を見据えた介護保険、高齢者の健康づくり等に関する業務を行っている。

2　審議会等

厚生労働省には、それぞれの分野の政策について専門的な審議を行う審議会がある。旧厚生省時代には、厚生省の諮問機関として中央社会福祉審議会、身体障害者福祉審議会、中央児童福祉審議会など8つの審議会があったが、これらが統合され社会保障審議会となった。そして、社会保障審議会の中で、社会福祉分野の課題について議論する部会として、福祉部会が設置されている。

図9-1　厚生労働省 組織図

厚生労働省HP

Ⅱ 地方公共団体の社会福祉行政機関

　地方自治法第1条の2において「地方公共団体は、住民の福祉の増進を図ることを基本として、地域における行政を自主的かつ総合的に実施する役割を広く担うものとする」と規定されている。つまり、それぞれの地方公共団体は、保健福祉局や民生局といったそれぞれ異なった名称を用いながら同様の部署を設け、社会福祉の実際の業務に当たっている。ここでは、都道府県や政令指定都市、市町村に設置されている専門機関をいくつか挙げて解説する。

1　福祉事務所

　福祉事務所とは、「社会福祉法」第14条以下に規定されている「福祉に関する事務所」を指し、福祉六法（「生活保護法」、「児童福祉法」、「母子及び父子並びに寡婦福祉法」、「老人福祉法」、「身体障害者福祉法及び知的障害者福祉法」）に定める援護、育成または更生の措置に関する事務を司る第一線の社会福祉行政機関である。都道府県及び市（特別区を含む）は、設置が義務づけられており、町村は任意で設置することができる。

　1993（平成5）年4月には、老人及び身体障害者福祉分野で、2003（平成15）年4月には、知的障害者福祉分野で、それぞれ施設入所措置事務等が都道府県から町村へ委譲されたことから、都道府県福祉事務所では、従来の福祉六法から福祉三法（「生活保護法」、「児童福祉法」、「母子及び父子並びに寡婦福祉法」）を所管することとなった。

　福祉事務所の設置状況については、表9-1に示す通りである。

表9-1　福祉事務所設置数（2017（平成29）年4月1日現在）

設置主体	都道府県	市（特別区含む）	町村	計
箇所数	207	997	43	1247

厚生労働省HP

　また、福祉事務所には、「社会福祉法」第15条に基づいて、表9-2に示す職員が配置されている。

表9-2　福祉事務所職員配置

所員等	職務
①所の長	都道府県知事または市町村長（特別区の区長を含む）の指揮監督を受けて、所務を掌理する
②指揮監督を行う所員（社会福祉主事）	所の長の指揮監督を受けて、現業事務の指揮監督を司る

③現業を行う所員 （社会福祉主事）	所の長の指揮監督を受けて援護、育成または更生の措置を要する者等の家庭を訪問し、又は、訪問しないで、これらの者に面接し、本人の資産、環境等を調査し、保護その他の措置の必要性の有無及びその種類を判断し、本人に対し生活指導を行う等の事務を司る
④事務を行う所員	所の長の指揮監督を受けて、所の庶務を司る

厚生労働省ＨＰ

　この他、老人福祉の業務に従事する社会福祉主事、身体障害者福祉司、知的障害者福祉司などが配置されている福祉事務所もある。
　福祉事務所は、単独で全ての福祉サービスを提供するのではなく、住民の福祉に関する相談窓口として、他の専門機関との連携も重要な役割となっている。

2　児童相談所

　第6章でも触れたが、児童相談所とは、「児童福祉法」第12条に基づき各都道府県に設けられた児童福祉の専門機関である。全ての都道府県及び政令指定都市（2006（平成18）年4月から中核市、2016（平成28）年から特別区にも設置できるようになった）に最低1以上の児童相談所が設置されており、都道府県によっては、その規模や地理的状況に応じて、複数の児童相談所及びその支所を設置している。2017（平成29）年4月現在、全国に210か所の児童相談所が設置されており、そのうち一時保護所は136か所設置されている。
　児童相談所が果たす機能は、主に「相談機能」「一時保護機能」「措置機能」の3つである。「相談機能」とは、広く一般家庭、あるいは専門機関などから児童の福祉に関するあらゆる相談を受け、必要に応じて児童の家庭、地域状況、生活歴や発達、性格、行動等について専門的な角度から総合的に調査、診断、判定（総合診断）し、それに基づいて処遇方針を定め、自ら、または関係機関等を活用し、一貫した児童の処遇を行う機能である。「一時保護機能」とは、必要に応じて児童を家庭から離して一時保護する機能である。「措置機能」とは、児童またはその保護者を児童福祉司、児童委員、児童家庭支援センター等に指導させる、または、児童を児童福祉施設、指定国立療養所等に入所させる、または里親や保護受託者に委託する等の機能である。
　この他、「民法」上の権限として、親権者が虐待等、子どもの福祉を損なう行為を行う場合には、親権者の親権喪失・親権停止・管理権喪失、後見人選任及び解任の審判の請求を家庭裁判所に対して行うことができる。
　児童相談所の職員は、所長・児童福祉司・児童心理司等で構成されている。児童福祉司の主な職務は、保護を必要とする子ども等の家庭調査や個別指導である。1人あ

たりの担当区域は人口 4 万人から 7 万人であるが、児童虐待等の深刻なケースが増えている現状から、地域の実状に応じて児童福祉司の増員が図られている。また、児童相談所は市町村との連携の下、関係機関とネットワークを組むことにより、児童虐待問題解決に迅速に対応することが期待されている。現在、電話番号の 189 番（語呂合わせ：いちはやく）は、児童相談所の全国共通ダイヤル（緊急通報電話番号）に設定されている。2015（平成 27）年 7 月 1 日より運用が開始され、24 時間 365 日、児童虐待や子育ての相談を受け付けている。国民は、児童虐待を受けたと思われる児童を発見した際は、速やかに市町村、福祉事務所、または児童相談所のいずれかに通告しなければならないとされている。

次に、児童相談所に寄せられる相談については、大別すると、①養護相談（保護者の病気・家出等による養育困難、棄児、被虐待児、養育放棄等、養育環境上問題のある児童に関する相談）、②保健相談（未熟児、虚弱児、小児喘息、その他の疾患等を有する児童に関する相談）、③障害相談（心身に障害がある児童に関する相談）、④非行相談（窃盗、傷害、放火等の触法行為、浮浪、乱暴等の問題行為のある児童に関する相談）、⑤育成相談（しつけ、性格行動、不登校、その他児童の育成上の問題に関する相談）、⑥その他となる（表 9-3）。

この中で相談件数が最も多いのは、障害相談であり、全体の約半数を占めている。障害相談においては、療育手帳の交付に関わる判定のための相談がもっとも大きな割合を占めている。全体の相談件数としては減少傾向にあるが、そのような中、養護相談は被虐待児の問題が社会問題化するのと軸を一にして、2005（平成 17）年から毎年増加し続けている。

児童相談の業務の流れについては、以下に示すとおりである。
①相談の受付：家庭、関係機関、地域住民等からの相談や通告を受け付けている。受付方法は、面接、電話、文書など、様々な方法がとられている。

②調査・診断：児童相談所は児童福祉司らによる社会診断、児童心理司らによる心理診断、医師による医学診断、一時保護部門の児童指導員、保育士らによる行動診断をもとに協議して判定を行い、子どもの援助方針を作成する。

③援助：指針方針に基づいて、子ども、保護者、関係者等に対して、指導、措置の援助を行う（②③については、図 9-2 参照）。

表9-3 児童相談所で受け付ける相談の種類

①養護相談	1.	養護相談
②保健相談	2.	保健相談
③障害相談	3.	肢体不自由相談
	4.	視聴覚障害相談
	5.	言語発達障害等相談
	6.	重症心身障害相談
	7.	知的障害相談
	8.	自閉症等相談
④非行相談	9.	ぐ犯等相談
	10.	触法行為等相談
⑤育成相談	11.	性格行動相談
	12.	不登校相談
	13.	適性相談
	14.	育児・しつけ相談
⑥その他	15.	その他の相談

厚生労働省HP

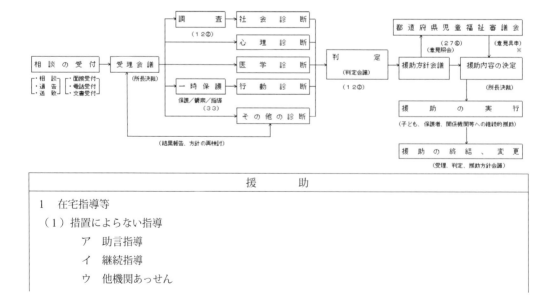

援　　　助
1　在宅指導等
（1）措置によらない指導
ア　助言指導
イ　継続指導
ウ　他機関あっせん

第9章　社会福祉領域における専門機関

```
（2）措置による指導
    ア　児童福祉司指導（第26条第1項第2号、第27条第1項第2号）
    イ　児童委員指導（第26条第1項第2号、第27条第1項第2号）
    ウ　児童家庭支援センター指導（第26条第1項第2号、第27条第1項第2号）
    エ　知的障害者福祉司、社会福祉主事指導（第27条第1項第2号）
（3）訓戒、誓約措置（第27条第1項第1号）
2　児童福祉施設入所措置（第27条第1項第3号）
    指定医療機関委託
3　里親（第27条第1項第3号）
4　児童自立生活援助措置（第26条第1項第6号）
5　福祉事務所送致、通知（第26条第1項第4号）
    都道府県知事、市町村長報告、通知（第26条第1項第5号、第7号）
6　家庭裁判所送致（第27条第1項第4号）
7　家庭裁判所への家事審判の申立て
    ア　施設入所の承認（第28条第1項、第2項）
    イ　親権喪失・親権停止・管理権喪失の審判の請求（第33条の7）
    ウ　後見人選任の請求（第33条の8）
    エ　後見人解任の請求（第33条の9）
```

（数字は「児童福祉法」の該当条項等）

図9-2　児童相談所における相談援助活動の体系・展開

厚生労働省HPを一部改変

3　身体障害者更生相談所

　身体障害のある人が日常生活について相談する機関としては、主に2つある。1つは、日常の身近な相談窓口として市町村の障害福祉担当課であり、もう1つは、より専門的な相談窓口としての身体障害者更生相談所である。身体障害者更生相談所は、「身体障害者福祉法」第11条の規定により設置されたものであり、都道府県・政令指定都市に義務設置されている。身体障害のある人の福祉サービスは基本的に市町村単位で実施され、福祉事務所がサービスの窓口となっている。市町村には身体障害者福祉司や障害者福祉を担当する職員が配置されているが、サービス提供のために専門的な知識・指導を必要とする場合には、身体障害者更生相談所の助言・援助・指導を求めることになっている。この他、身体障害のある人が市町村等から委託を受ける身体障害者相談員の制度がある。同じく障害のある立場から、身体障害者の相談・援助に当たっている。

　身体障害者更生相談所には、身体障害者福祉司の他にも、医師・心理判定員・作業療法士・理学療法士などの専門職員が配置されており、障害者に適切なサービスを実施するための相談・判定にあたっている。また、来所が困難な場合は市町村関係機関

などと連携し、出張による相談にも応じている。主な業務は、図9-3に示す通りである。

図9-3 身体障害者更生相談所の業務の概要

<業務の概要>
①身体障害者に関する専門的な知識及び技術を必要とする相談及び指導業務
②身体障害者の医学的、心理的及び職能的判定並びに補装具の処方及び適合判定業務
③市町村が行う相互間の連絡調整、市町村職員に対する研修、その他必要な援助及びこれらに付随する業務
④地域におけるリハビリテーションの推進に関する業務

<それぞれの業務の実施要領>
①専門的相談事業業務
②判定業務
③市町村等に対する専門的な技術的援助指導等の業務
④巡回相談
⑤地域におけるリハビリテーションの推進における業務
⑥その他関連する業務

「身体障害者更生相談所の設置及び運営について」
（平成15年3月25日・障初第0325001号）より、一部抜粋

4　知的障害者更生相談所

　知的障がい者の日常生活を支えるサービスを提供するのは市町村であるが、その職業能力の判定等については、知的障害者更生相談所（「知的障害者福祉法」第12条に基づく）が担当している。都道府県、政令指定都市に義務設置されており、この他、知的障がい児・者の保護者などが市町村等から委託を受ける知的障害者相談員の制度もある。知的障害のある子どもを育てた経験を生かして、知的障がい者やその保護者の相談・援助にあたっている。
　知的障害者更生相談所の業務は、以下の通りである。
①知的障害者に関する問題について、家庭その他からの相談に応じること。
②18歳以上の知的障害者の医学的・心理的・職能的判定を行い必要な指導を行うこと。
③市町村に置かれている知的障害者福祉司に対して技術的指導を行うこと。
　判定が必要となるのは、療育手帳の交付や交付後に障害程度の確認を受ける時、施設サービスを利用する時、職業の適性について判断が必要な時、などである。
　職員は医師、心理判定員、職能判定員、知的障害者福祉司等である。知的障害者更生相談所では、来所相談の他に、巡回相談、訪問相談も行っている。

知的障害者更生相談所の基本的なあり方として、ノーマライゼーションの理念を踏まえ、知的障害者が地域社会の一員として、その人らしく質の高い生活を送るためには、地域生活支援のためのサービスの質的・量的整備を図るとともに、支援体制を構築していくことが重要である。

知的障害者更生相談所においては、専門性の確保や体制の整備を行うとともに、関係機関との連携を図り、地域のネットワーク化を推進することが重要とされている。

Ⅲ　その他の社会福祉機関

1　社会福祉協議会

社会福祉協議会（以下、社協と記載する）とは、社会福祉活動の推進を目的とした社会福祉法人格をもった民間の福祉団体である。1951（昭和26）年に制定された「社会福祉事業法」（現在の「社会福祉法」第109条以下）に基づき設置されている。東京都に所在する全国社会福祉協議会をはじめとして、全国の都道府県や市町村および政令指定都市内の各区にあり、その他、市区町村内の地区や学区などの小地域にも未法人の社協（もしくは福祉委員会など）が必要に応じて組織されている。

日常的に地域住民と関わる活動を行うのは市区町村社協であり、その主な活動内容には、地域福祉の増進を図ることを目的とする事業の調査、企画、調整、助成、普及宣伝、社会福祉に関する住民参加の援助などがある。一方、都道府県社協は、広域的な見地に立った事業や市区町村社協の相互の連絡調整といった業務を行っている（具体的な業務内容については表9-4参照）。

表9-4　社会福祉協議会の取り組みについて

全国社会福祉協議会	都道府県社会福祉協議会	市町村社会福祉協議会
・全国の福祉関係者や福祉施設等の連絡、調整 ・様々な社会福祉に関する制度改善 ・社会福祉に関する図書、雑誌の刊行 ・福祉に係わる人材の養成、研修 ・アジア各国の社会福祉への支援	・「日常生活自立支援事業」の実施。（市区町村社協と連携）対象：認知症、知的障害、精神障害 ・福祉サービスに関する相談、苦情受付 ・「運営適正化委員会」の設置 ・「福祉サービスの第三者評価事業」への積極的な取り組み ・生活福祉資金の低利貸付 ・福祉関係者に対する専門的な研修事業の実施 ・ボランティア活動の振興 ・小中高校における福祉教育の推進 ・「福祉人材センター」事業	・高齢者、障害者の在宅生活支援（ホームヘルプサービス、配食サービス） ・地域ボランティアとの協働事業（「ふれあいいきいきサロン活動」） ・「ボランティアセンター」事業（ボランティア活動に関する相談・斡旋、小中高校における福祉教育支援） ・地域における社会資源とのネットワークづくり

全国社会福祉協議会HPより筆者作成

　市区町村社協の収入は、福祉サービス事業の受託に関する委託金が多くを占め、続いて行政からの補助金となっている。その他には、共同募金・寄付金・会費、各種の基金収入などがある。

　社協の組織は、地域の住民組織と公私の社会福祉事業関係者などが構成員となっている。都道府県社協と政令指定都市社協においては、範域内にある市町村社協や区社協の過半数、これに社会福祉事業または更生保護事業を経営する者の過半数が参加することを原則としている。市区町村社協においても、その区域内の社会福祉事業または更生保護事業を経営する者の過半数の参加を定めている。また関係行政庁の職員は、市区町村社協の役割を担うことができるが、役員総数の5分の1を超えてはならないとしている。こうした規則がある一方で、行政の首長が役員として社協会長を兼ねている自治体も少なくないため、純粋な民間団体としての性格を損ねているという批判も受けている。1992（平成4）年策定の「新・社会福祉協議会基本要項」では、上記の構成員を基礎とした理事会・評議員会を構成して社協の運営にあたることを定めている。さらに市区町村社協に対しては、部会・運営委員会・連絡会・問題別委員会などを設置して、事業の推進を図ることを示している。市区町村社協の事務局には、事務局長を筆頭に福祉活動専門員などの職員が配置されている。なかでも福祉活動専門員

には、コミュニティーワーカーとしての専門性が求められている。

2　社会福祉法人

　社会福祉法人は、「社会福祉法」(第22条)において「社会福祉事業を行うことを目的として、この法律の定めるところにより設立された法人」と位置づけられている。社会福祉法人を設立するためには、必要事項を取り決めた上で、所轄庁から認可を受ける必要がある(第31条)。所轄庁は都道府県知事や一定の場合は市長・区長であり、2つ以上の都道府県で事業を行う場合には厚生労働大臣となる。

　社会福祉事業とは、社会福祉を目的とする事業として、規制と助成を通じて公明かつ適正な実施の確保が図られなければならないものであり、法律上に以下のことが列挙されている。

- 経営主体等の規制がある。
- 都道府県知事等による指導監督がある。
- 第1種社会福祉事業と第2種社会福祉事業に分類されている。

表9-5　社会福祉事業の分類について

第1種社会福祉事業	第2種社会福祉事業
利用者への影響が大きいため、経営安定を通じた利用者保護の必要性が高い事業 (主として入所施設サービス)	比較的利用者への影響が小さいため、公的規制の必要性が低い事業 (主として在宅サービス)
<例> ・障害者支援施設、障害児入所施設、養護老人ホームなどの経営	<例> ・保育所、ホームヘルプ、デイサービス、相談事業

厚生労働省HP

　社会福祉法人は、社会福祉事業の他、「公益事業」「収益事業」を行うことができる。「公益事業」とは、社会福祉と関係のある公益を目的とする事業であり、公益事業の余剰金は、社会福祉事業、または公益事業に充てなければならない。例えば、介護老人保健施設の経営や有料老人ホームの経営などがこれに該当する。「収益事業」とは、その収益を社会福祉事業、または一定の公益事業に充てることを目的とする事業である。例えば、貸しビルや駐車場の経営などがこれに該当する。

　社会福祉法人が法に規定されて、約68年が経過した。その間、多くの社会福祉法人が、利用者の尊厳を守り、生活を保障するためのサービスを提供してきた。かつては、措

置制度のなかで社会福祉事業を経営する者が積極的に質の高いサービスを提供するという気風は生まれにくい状況だった。しかし、「社会福祉法」が制定されることで、経営の透明性を確保するために第三者サービス評価委員会などが導入されサービスの提供に変化が出てきた。これからも、サービス提供において中心的な役割を担う社会福祉法人は、よりよいサービスの提供主体としての役割を期待されている。

Ⅳ　社会福祉領域機関における今後の課題

　これまで公的な福祉サービスは、高齢や障害といった対象者ごとに制度が整備され、質、量ともに充実が図られてきたが、近年、地域では公的なサービスだけでは対応できない多様な生活課題が生まれている。例えば高齢化に伴い要介護の親と障がい児が同居しているなど、複合的な課題を抱える世帯が増加し、そのような家庭に対して公的福祉サービスが総合的に提供されていないといった問題が生じているのである。一方、住民の福祉活動を通じた自己実現ニーズは高まっており、要援護者の見守りなど住民参加の下、多様な活動が行われるようになってきている。

　このようなことを背景として、2007（平成19）年10月、「これからの地域福祉のあり方に関する研究会」が開催され、2008（平成20）年3月に報告書「地域における『新たな支え合い』を求めて―住民と行政の協働による新しい福祉―」が取りまとめられた。厚生労働省としては、行政と地域の様々な社会資源とが協働し、住民誰もが安心して日常生活を営むことができる地域作りに取り組んでいるところである。このことを踏まえ、それぞれの専門機関が独立したものではなく、常に横とつながり、さらには、専門機関のみならず地域の様々な社会資源とも連携を取り、よりスムーズな社会福祉サービスが展開されることが今後望まれる。

<参考文献>

厚生労働省『平成 27 年版 厚生労働白書』

野﨑和義監修・ミネルヴァ書房編集部編『平成 28 年度版 ミネルヴァ社会福祉六法 』
　ミネルヴァ書房、2016 年

小野澤昇・田中利則・大塚良一編『子どもの生活を支える 社会的養護』ミネルヴァ書房、2013 年

栃本一三郎編『新しい視点で学ぶ 社会福祉 保育士を志す人のために』光生館、2007 年

山縣文治・岡田忠克編『よくわかる社会福祉 第 10 版』ミネルヴァ書房、2015 年

厚生労働省 HP「厚生労働省の組織再編について」
　https://www.mhlw.go.jp/file/04-Houdouhappyou-10108000-Daijinkanboujinjika-Jinjika/0000169963.pdf

第10章　社会福祉領域における専門職

I　社会福祉事業従事者の概況

　近年、社会福祉制度・政策の見直しや拡充に伴い、社会福祉事業従事者（社会福祉業務に従事する者）の数は急速に増加している。これら従事者の量的確保及び資質の向上は、欠かすことのできない重要な課題となっている。社会福祉事業従事者の具体的な職種は、社会福祉施設職員、ホームヘルパー・訪問介護員、福祉事務所や児童相談所などの社会福祉行政の専門機関職員、社会福祉協議会の職員などである。ここでは、社会福祉施設職員、社会福祉行政の専門機関職員、社会福祉協議会の職員について詳しく述べていく。

1　社会福祉施設職員

　社会福祉事業従事者は、社会福祉施設職員が最も多く、全体の約4分の3を占めており、このことからも、社会福祉の代表的な職場は社会福祉施設であるといえるであろう。日本の社会福祉制度は、老人、児童、身体障がい者、知的障がい者等、というように対象者ごとに分かれており、社会福祉施設はそれぞれの対象者の法律に基づいて設置されている。その種類については、表10-1に示すとおりである。
　各施設には、それぞれの機能に応じて、多様な職種・職名のスタッフが配置されている。その主なものは、介護や保育などのケアサービスを提供する職種、利用者への相談・援助を業務とする職種、保健・医療系の職種、施設の運営を支える職種に分けられており、具体的な施設名と職種名と従事者数は、表10-2に示すとおりである。

表 10-1　社会福祉施設の種類

1. 保護施設
　救護施設、更生施設、医療保護施設、授産施設、宿所提供施設

2. 老人福祉施設
　老人デイサービスセンター、老人短期入所施設、養護老人ホーム（一般）、養護老人ホーム（盲）、特別養護老人ホーム、軽費老人ホームA型、軽費老人ホームB型、軽費老人ホーム（ケアハウス）、都市型軽費老人ホーム、老人福祉センター、老人福祉センター（特A型）、老人福祉センター（A型）、老人福祉センター（B型）、老人介護支援センター

3. 障害者支援施設等
　障害者支援施設、地域活動支援センター、福祉ホーム

4. 身体障害者社会参加支援施設
　身体障害者福祉センター（A型）、身体障害者福祉センター（B型）、補装具製作施設、盲導犬訓練施設、点字図書館、点字出版施設、聴覚障害者情報提供施設

5. 婦人保護施設

6. 児童福祉施設
　助産施設、乳児院、母子生活支援施設、保育所、幼保連携型認定こども園、児童養護施設、障害児入所施設（福祉型）、障害児入所施設（医療型）、児童発達支援センター（福祉型）、児童発達支援センター（医療型）、児童心理治療施設、児童自立支援施設、児童家庭支援センター、児童館（小型児童館、児童センター、大型児童館A型、大型児童館B型、大型児童館C型、その他の児童館）、児童遊園

7. 母子・父子福祉施設
　母子・父子福祉センター、母子・父子休養ホーム

8. その他の社会福祉施設等
　授産施設、宿所提供施設、盲人ホーム、無料低額診療施設、隣保館、へき地保健福祉館、地域福祉センター、老人憩の家、老人休養ホーム、有料老人ホーム（サービス付き高齢者向け住宅以外）、有料老人ホーム（サービス付き高齢者向け住宅であるもの）

厚生労働省HPより筆者作成

第 10 章 社会福祉領域における専門職

表 10-2 施設の種類別にみた職種別常勤換算従事者数

(単位：人)　　平成28年10月1日現在

	総数	保護施設 1)	老人福祉施設	障害者支援施設等	身体障害者社会参加支援施設	婦人保護施設	児童福祉施設等（保育所等を除く）1)	保育所等 2)	母子・父子福祉施設	その他の社会福祉施設等（有料老人ホーム（サービス付き高齢者向け住宅以外）を除く）1)	有料老人ホーム（サービス付き高齢者向け住宅以外）
総　数	960 031	6 199	44 121	100 448	2 667	363	98 031	546 628	192	3 650	157 732
施設長・園長・管理者	46 710	211	3 286	3 686	210	28	6 203	24 345	22	1 042	7 678
サービス管理責任者	3 806	…	…	3 806	…	…	…	…	…	…	…
生活指導・支援員等 3)	83 480	770	4 559	56 960	279	135	13 792	…	3	735	6 248
職業・作業指導員	3 835	88	112	2 678	90	12	274	…	4	288	290
セラピスト	6 146	5	123	896	84	6	3 602	…	-	3	1 427
理学療法士	2 070	3	35	436	29	-	1 028	…	-	-	541
作業療法士	1 443	2	20	301	26	-	839	…	-	-	257
その他の療法員	2 633	1	69	159	30	6	1 735	…	-	3	630
心理・職能判定員	59	…	…	59	…	…	…	…	…	…	…
医師	3 072	27	143	296	7	5	1 275	1 243	-	2	75
歯科医師	1 162	…	…	…	…	…	58	1 103	…	…	…
保健師・助産師・看護師	41 860	408	2 793	4 668	87	18	10 374	8 593	-	35	14 883
精神保健福祉士	1 116	107	26	930	1	-	…	…	-	1	50
保育士	373 586	…	…	…	…	…	16 630	356 952	4	…	…
保育教諭 4)	50 328	…	…	…	…	…	…	50 328	…	…	…
うち保育士資格保有者	44 687	…	…	…	…	…	…	44 687	…	…	…
保育従事者 5)	11 652	…	…	…	…	…	…	11 652	…	…	…
家庭的保育者 5)	289	…	…	…	…	…	…	289	…	…	…
家庭的保育補助者 5)	108	…	…	…	…	…	…	108	…	…	…
児童生活支援員	631	…	…	…	…	…	631	…	…	…	…
児童厚生員	10 442	…	…	…	…	…	10 442	…	…	…	…
母子支援員	700	…	…	…	…	…	700	…	…	…	…
介護職員	129 956	3 183	17 432	11 877	58	-	1 909	15 645	-	37	97 369
栄養士	23 509	195	2 062	2 241	6	17	1 279	…	-	2	1 433
調理員	72 301	524	4 842	4 738	16	53	5 407	45 799	8	149	10 765
事務員	35 237	434	4 872	4 880	578	40	4 172	11 985	74	864	7 337
児童発達支援管理責任者	953	…	…	…	…	…	953	…	…	…	…
その他の教諭 6)	2 439	…	…	…	…	…	…	2 439	…	…	…
その他の職員 7)	56 655	248	3 870	2 734	1 250	50	9 560	28 196	77	493	10 178

注：従事者数は常勤換算従事者数であり、小数点以下第1位を四捨五入している。
　　従事者数は詳細票により調査した職種についてのものであり、調査した職種以外は「…」とした。
1) 保護施設には医療保護施設、児童福祉施設等（保育所等を除く）には助産施設及び児童遊園、その他の社会福祉施設等（有料老人ホーム（サービス付き高齢者向け住宅以外）を除く）には無料低額診療施設及び有料老人ホーム（サービス付き高齢者向け住宅であるもの）をそれぞれ含まない。
2) 保育所等は、幼保連携型認定こども園、保育所型認定こども園及び保育所である。
3) 生活指導・支援員等には、生活指導員、生活相談員、生活支援員、児童指導員及び児童自立支援専門員を含むが、保護施設及び婦人保護施設は生活指導員のみである。
4) 保育教諭には主幹保育教諭、指導保育教諭、助保育教諭及び講師を含む。また、就学前の子どもに関する教育、保育等の総合的な提供の推進に関する法律の一部を改正する法律（平成24年法律第66号）附則にある保育教諭等の資格の特例のため、保育士資格を有さない者を含む。
5) 保育従事者、家庭的保育者及び家庭的保育補助者は小規模保育事業所の従事者である。なお、保育士資格を有さない者を含む。
6) その他の教諭は、就学前の子どもに関する教育、保育等の総合的な提供の推進に関する法律（平成18年法律第77号）第14条にもとづき採用されている、園長及び保育教諭（主幹保育教諭、指導保育教諭、助保育教諭及び講師を含む）以外の教諭である。
7) その他の職員には、幼保連携型認定こども園の教育・保育補助員及び養護職員（看護師等を除く）を含む。

厚生労働省HP

社会福祉従事者数の総数は現在（2016年調べ）960,031人であり、そのうち、「保育士」が373,586人と最も多く、次いで、「介護職員」が129,956人、そして、「生活指導・支援員等」が83,480人と続いている（表10-2参照）。

　「保育士」は、児童の施設において子どもの保育に従事することが職務である。保育士の9割以上が保育所等に勤務しており、残りの約1割が保育所以外の児童福祉施設や母子・父子福祉施設などで働いている。ただし、保育士資格を有し、児童自立支援施設に勤務した場合は、「児童生活支援員」、児童館などに勤務した場合は「児童厚生員（児童の遊びを指導する者）」と名称が変わることがある。

　「生活指導員」は、社会福祉施設での指導・相談援助業務の代表的な職種で、ケースワークやグループワークなどの援助技術を活用して、利用者に直接関わりながら自立を支援する仕事である。具体的な業務内容は施設の種類によってやや異なるが、「障害者支援施設」においては、入所者の生活援助や訓練が仕事の中心である。

　「生活支援員」は、障がい者の日常生活上の支援や身体機能・生活能力の向上に向けた支援を行うほか、創作・生産活動に関わり、作業についての指導も行っている。日々、障がい者の生活に密着しながら、自立をサポートする仕事である。

　「介護職員」は、高齢者や障がい者関係の施設で、食事や排泄、入浴など基本的な生活の援助を行っている。

　その他、保健・医療系の職種としては、医師、看護師、保健師、助産師の他、リハビリテーションを担当する職種として、理学療法士、作業療法士、言語聴覚士がある。また、施設の管理・運営の職種として、施設長、事務職員、施設利用者の食生活を支える栄養士や調理員などがある。

2　社会福祉行政の専門機関職員

　社会福祉行政においては、専門機関として、都道府県（指定都市および中核市もほぼ同様）に福祉事務所、児童相談所、身体障害者更生相談所、知的障害者更生相談所、婦人相談所が置かれている。また、福祉事務所については、直接、住民に対して相談・誘導や給付の事務を行う機関であることから、市および特別区にも設置が義務付けられている（町村は任意に設置）。

　これらの機関の2017（平成29）年現在の設置数をみると（表10-3参照）、福祉事務所が最も多く、1,247カ所あり、次いで、児童相談所が210カ所となっている。続いて、知的障害者更生相談所が86カ所、身体障害者更生相談所が77カ所、そして、婦人相談所は49カ所となっている。これらの機関には、専門的な業務に従事する職員として、福祉事務所等に社会福祉主事、知的障害者福祉司、身体障害者福祉司、児童相談所に児童福祉司などが設置されている。特に、福祉事務所には、生活保護ケースをはじめ、高齢者、児童、身体障がい者、知的障がい者、母子などの現業業務を担当する職員が

第10章　社会福祉領域における専門職

設置されており、これらの職員は「ケースワーカー」（現業員）と呼ばれている。ケースワーカーは、要援護者の家庭訪問、面接、資産等の調査、措置の判断、生活指導などを行っている。福祉事務所には、これらのケースワーカーを指導監督する職員として「査察指導員」も配置されている。ケースワーカーおよび査察指導員については、職務の専門性から社会福祉主事があてられることになっている。

表10-3　社会福祉行政専門機関の設置数

	総数
福祉事務所	1,247
児童相談所	210
身体障害者更生相談所	77
知的障害者更生相談所	86
婦人相談所	49

厚生労働省HPより筆者作成

3　社会福祉協議会の職員

　行政機関と関わりをもちながら社会福祉の推進に大きな役割を担っているものとして、社会福祉協議会の職員があげられる。社会福祉協議会は社会福祉法に規定された民間団体で、地域福祉の推進中心的な担い手として位置付けられた団体である（詳細については、第9章のⅢ-1参照）。
　社会福祉協議会の活動内容は地域の実情や特性に応じてさまざまだが、地域の社会福祉事業の企画・実施、住民主体の福祉活動の推進、社会福祉事業の調査・連絡・調整などを行っている。また、社会福祉協議会は、ホームヘルプ事業、デイサービス事業、入浴サービス事業など、在宅福祉サービスの実施団体としても活発に活動している。したがって、社会福祉協議会には、地域福祉の推進を担当する企画・調整を行うコーディネーター的な業務に携わる職員と、実際の介護サービスを提供するケアワーカー的な業務に携わる職員がいる。

Ⅱ　社会福祉専門職の国家資格

　社会福祉の仕事は、誰もが住み慣れた地域で安心して暮らせるようサポートすることを目的としており、その職種はとても幅広く、それぞれの職場において高い専門性が求められている。しかし長い間、社会福祉分野では従事者の「専門職」としての発達が遅れていた。なぜならば、これまで主に福祉ニーズが、家族や親族などのインフォーマルなサービスで充足されてきたため、社会的な福祉サービスに至らず、家事労

働の延長として誰でもできることとみなされてきたためである。しかしながら、近年、核家族化、少子高齢化、そして、施設福祉から在宅福祉へという社会情勢や福祉ニーズの変化により、サービスの供給主体が多様化してきた。それに伴い、社会福祉分野においても公的サービスの充実が図られるようになり、それに携わる専門職員の専門性が求められるようになってきたのである。つまり、社会全体において、社会福祉専門職の確立がなされ、その重要性に基づき、国家資格が創設されるに至ったのである。

国家資格は、一般的に高度な専門職の資格とみなされている。社会福祉に関しては、1987（昭和62）年に「社会福祉士及び介護福祉法」、1997（平成9）年に「精神保健福祉士法」が成立し、社会福祉士、介護福祉士、精神保健福祉士の3つの国家資格が作られている。

ただし、これらの資格は名称独占であり、業務独占ではない。業務独占とは、医師のように、その資格を持っていなければ業務を行うことはできないが、これとは異なり、名称独占は、資格を持っていない人はその名称を名乗ることはできないが、資格を持っていなくても、社会福祉の仕事をすることはできるというものである。

社会福祉専門分野では、次のような国家資格を業務内容別に以下のような3つに分類できる。

①相談・助言・ソーシャルワーク（社会資源の活用）等を業務とする資格：具体的には、社会福祉士、精神保健福祉士。
②利用者に直接的なサービスを提供する資格：具体的には、介護福祉士、保育士、看護師。
③心身の機能の維持・回復を目指して、専門的なケアを行う資格：理学療法士、作業療法士、言語聴覚士、看護師。

ここでは、社会福祉士、介護福祉士、精神保健福祉士について詳しく述べていく。

1　社会福祉士

「社会福祉士及び介護福祉士法」第2条第1項では次のように明記されている。

> この法律において「社会福祉士」とは、第28条の登録を受け、専門的知識及び技術をもつて、身体上若しくは精神上の障害があること又は環境上の理由により日常生活を営むのに支障がある者の福祉に関する相談に応じ、助言、指導、福祉サービスを提供する者又は医師その他の保健医療サービスを提供する者その他の関係者（第47条において「福祉サービス関係者等」という。）との連絡及び調整その他の援助を行うこと（第7条及び第27条の2において「相談援助」という。）を業とする者をいう。（「社会福祉士及び介護福祉士法」第2条）。

社会福祉士の資格は、国家試験の合格および社会福祉士登録簿への登録によって取得できる。そのためには、図10-1のようなルートによって、受験資格を得ることが

第10章　社会福祉領域における専門職

前提となる。社会福祉士は、通称「ソーシャルワーカー」とも呼ばれている。

　法的に社会福祉の仕事を位置付けたことは、それまで以上に社会福祉の従事者に対する社会的評価を高めることになったとともに、責任や意欲をもって自らの専門性の向上に努めようという従事者の士気を高めるきっかけともなった。このことは、歴史的に意義があったといってよいだろう。

　社会福祉士は、高齢者、身体障がい者、精神障がい者、知的障がい者、児童、または病者など、援助を必要とする人々やその家族に対して相談助言を行っている。所属している施設・機関としては、老人福祉施設、児童福祉施設、障害者支援施設などの社会福祉施設全般、福祉事務所や児童相談所などの行政の社会福祉機関、一般病院や精神科病院などの保健・医療機関、社会福祉協議会、介護老人保健施設や有料老人ホームなどがあげられる。また、介護保険制度の実施により、施設・機関によっては「介護支援専門員」の資格をもち、その仕事を兼任している人もいる。

　このように所属は種々あるが、どの職場においても社会福祉士は社会福祉の立場に立って、専門的援助にあたっている。そして常に生活の主体者である利用者の目線になり、利用者の意見を尊重し、さまざまな社会資源の情報提供やその活躍を側面的に支援している。また、利用者が主体的にサービスを利用できることを目的とし、その実現に向けて関係諸機関との連絡調整を行っている。

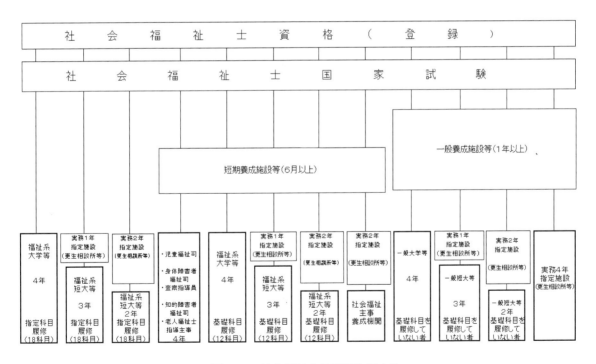

図10-1　社会福祉士の資格取得方法

厚生労働省HP

2　介護福祉士

「社会福祉士及び介護福祉士法」第2条第2項では次のように明記されている。

　　この法律において「介護福祉士」とは、第42条第1項の登録を受け、介護福祉士の名称を用いて、専門的知識及び技術をもつて、身体上又は精神上の障害があることにより日常生活を営むのに支障がある者につき心身の状況に応じた介護（喀痰かくたん　吸引その他のその者が日常生活を営むのに必要な行為であつて、医師の指示の下に行われるもの（厚生労働省令で定めるものに限る。以下「喀痰吸引等」という。）を含む。）を行い、並びにその者及びその介護者に対して介護に関する指導を行うこと（以下「介護等」という。）を業とする者をいう。（「社会福祉士及び介護福祉士法」第2条）。

介護福祉士の資格を得るには、介護福祉士国家試験を受験する方法と、養成施設を卒業する方法とに大別される。具体的な資格取得の方法は図10-2のようになっている。

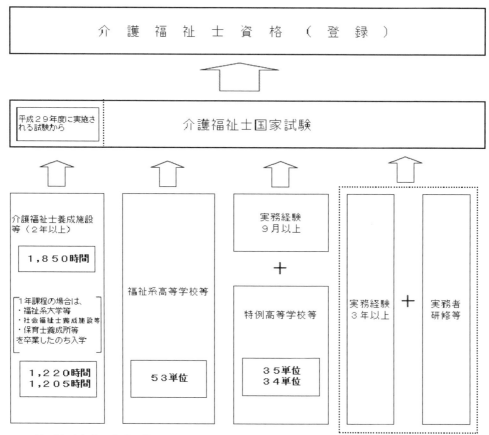

※29('17)年度から、養成施設卒業者に国家試験の受験資格を付与し、5年間かけて漸進的に導入し、34('22)年度より完全実施予定
※実務経験3年以上のEPA介護福祉士候補者は、実務者研修等なしで受験が可能

図10-2　介護福祉士の資格取得方法
図10-1に同じ

3　精神保健福祉士

「精神保健福祉士法」第2条では次のように明記されている。

　　この法律において「精神保健福祉士」とは、第28条の登録を受け、精神保健福祉士の名称を用いて、精神障害者の保健及び福祉に関する専門的知識及び技術をもって、精神科病院その他の医療施設において精神障害の医療を受け、又は精神障害者の社会復帰の促進を図ることを目的とする施設を利用している者の地域相談支援（障害者の日常生活及び社会生活を総合的に支援するための法律（平成17年法律第123号）第5条第18項に規定する地域相談支援をいう。第41第1項において同じ。）の利用に関する相談その他の社会復帰に関する相談に応じ、助言、指導、日常生活への適応のために必要な訓練その他の援助を行うこと（以下「相談援助」という。）を業とする者をいう。」（「精神保健福祉士法」第2条）。

精神保健福祉士の資格は、社会福祉士の資格と同様、国家試験を受験し、合格者が登録して得られる。受験資格を得るには図10-3のような方法がある。

精神保健福祉士にも、社会福祉士・介護福祉士と同様に、信用失墜行為の禁止、秘密保持、連携、名称の使用制限の義務が課されているが、精神保健福祉士の場合、医療関係者との連携を保つとともに、精神障がい者に主治の医師があるときは、その指導を受けなければならないことも義務として規定されている。

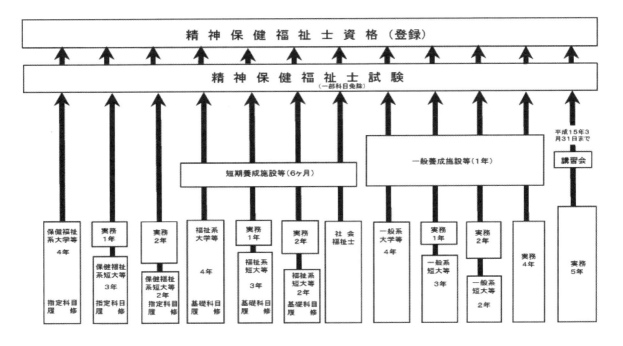

図10-3　精神保健福祉士の資格取得方法
図10-1に同じ

Ⅲ 社会福祉領域における専門職に求められるもの

1 専門職に求められる倫理

　一般に専門職とは、①専門理論の体系、②専門的権威、③地域社会による専門性の承認、④倫理綱領、⑤専門職文化、等によって特徴づけられているといわれている。特に、専門体系の理論的確立や倫理などが求められ、それによって社会からの支持や承認が必要になるのである[1]。

　ここでは、特に、専門職の倫理について述べる。

　社会福祉職は、主に援助を求めている人々の健康や、生活に関わる仕事に携わっており、個人の生活や価値観、あるいは人格に介入し、当事者が抱える様々な問題の解決にあたる。それは、個人の人権に介入し、それを侵害する危険性を伴う仕事であるといえる。そのため、職業の中でも高度な専門性と専門職倫理に基づいて、自らの責任の下で行動することが求められる。つまり、より高い倫理と責任が求められる職種と言えるであろう。

　社会福祉においては、1986（昭和61）年に日本ソーシャルワーカー協会が「倫理綱領」を宣言しており、職種を超えて、社会福祉士の職能団体である日本社会福祉士会もこれを倫理綱領として採択している（表10-4参照）。

　表10-4に示されている内容は、社会福祉専門職としての判断や行動を規定する物差しである。現状に甘んじることなく、専門職同士の相互批判・相互研鑽とともに、何よりも被援助者、サービス利用者からの声や意見にしっかり耳を傾け、当事者と常に真正面から向き合うことが大切であろう。

1）岩田正美・上野谷加代子・藤村正之『ウェルビーイング・タウン 社会福祉入門』＜改訂版＞有斐閣、2016年、p.177

第 10 章 社会福祉領域における専門職

表 10-4 日本ソーシャルワーカー協会倫理綱領（一部抜粋）

前 文
　われわれソーシャルワーカーは、すべての人が人間としての尊厳を有し、価値ある存在であり、平等であることを深く認識する。われわれは平和を擁護し、人権と社会正義の原理に則り、サービス利用者本位の質の高い福祉サービスの開発と提供に努めることによって、社会福祉の推進とサービス利用者の自己実現をめざす専門職であることを言明する。
　われわれは、社会の進展に伴う社会変動が、ともすれば環境破壊及び人間疎外をもたらすことに着目する時、この専門職がこれからの社会福祉にとって不可欠の制度であることを自覚するとともに、専門職ソーシャルワーカーの職責についての一般社会及び市民の理解を深め、その啓発に努める。

　われわれは、われわれの加盟する国際ソーシャルワーカー連盟が採択した、次の「ソーシャルワークの定義」（2000 年 7 月）を、ソーシャルワーク実践に適用され得るものとして認識し、その実践の拠り所とする。

ソーシャルワークの定義
　ソーシャルワークの専門職は、人間の福利（ウェルビーイング）の増進を目指して、社会の変革を進め、人間関係における問題解決を図り、人々のエンパワーメントと解放を促していく。
　ソーシャルワークは、人間の行動と社会システムに関する理論を利用して、人々がその環境と相互に影響し合う接点に介入する。人権と社会正義の定義は、ソーシャルワークの拠り所とする基盤である。
(IFSW2000.7.)
　われわれは、ソーシャルワークの知識、技術の専門性と倫理性の維持、向上が専門職の職責であるだけでなく、サービス利用者は勿論、社会全体の利益に密接に関連していることを認識し、本綱領を制定してこれを遵守することを誓約する者により、専門職団体を組織する。

価値と原則（以下項目のみ）
　Ⅰ．人間の尊厳、Ⅱ．社会正義、Ⅲ．貢献、Ⅳ．誠実、Ⅴ．専門的力量

倫理基準（以下項目のみ）
　Ⅰ．利用者に対する倫理責任、Ⅱ．実践現場における倫理責任、Ⅲ．社会に対する倫理責任、Ⅳ．専門職としての倫理責任

日本ソーシャルワーカー協会 HP

2　専門職に求められる繋いでいく力　〜ネットワーク作り〜

　本章では、社会福祉領域における専門職について述べてきたが、その職種は多種多様であり、また、さまざまな所属（職場）があることがおわかりいただけたであろう。そして、その業務内容は大変高度な専門性を要求されており、業務に一生懸命取り組みすぎてバーンアウトする人も多く、長く勤めることが難しい職場といわれているのも事実である。そうならないためにも、問題を 1 人で抱え込むのではなく、職場内で

チームを組み、日々の業務にあたることが大切である。己の力と役割（専門性）を認識したうえで、場合によっては、より専門性の高い職種へと繋いでいくことも必要となってくる。ゆえに、職場外においてもネットワークを作っていくことが重要となる。現在の日本では、対象者ごとに法律や施設が分類されているが、今後は必要に応じて社会福祉専門職が、現在分類されている壁を超えて、横と横で、あるいは斜めにと縦横無尽に繋がっていくことが求められるであろう。

＜参考文献＞
野﨑和義監修・ミネルヴァ書房編集部編『平成28年度版　ミネルヴァ社会福祉六法』
　ミネルヴァ書房、2016年
小野澤昇・田中利則・大塚良一編『子どもの生活を支える 社会的養護』ミネルヴァ書房、2013年
栃本一三郎編『新しい視点で学ぶ 社会福祉 保育士を志す人のために』光生館、2007年
山縣文治・岡田忠克編『よくわかる社会福祉 第10版』ミネルヴァ書房、2005年
特定非営利活動法人日本ソーシャルワーカー協会HP「倫理綱領」
　http://www.jasw.jp/about/rule/（2019年4月14日閲覧）

第11章 クライエントの人権と支援者の自己覚知

Ⅰ エンパワメント

　人権教育は、人権が人間関係・社会関係の基本原則であること、芸術的・活動的・学問的な経験を通してそのことに目覚め、誰もが「力をつけられるようにすること」である。したがって、エンパワメント（empowerment）は重要な概念である。エンパワメントとは、社会福祉の援助活動において利用者やその集団、コミュニティなどが自らの力を自覚して行動できるよう、サポートすることをいう。エンパワメントは、近年、社会福祉援助技術（ソーシャルワーク）の一つとしても位置づけられている概念であり、人権保障をめざした社会福祉実践の根本と考えられる。

1　エンパワメントの原理

　エンパワメントは、さまざまな社会活動の中で着目されている。ソロモンによると、その定義を、「スティグマ化されている集団の構成メンバーであることに基づいて加えられた否定的な評価によって引き起こされたパワー欠如状態を減らすことを目指して、クライエントもしくは、クライエントシステムに対応する一連の諸活動にソーシャルワーカーが関わっていく過程」としている。スティグマ化された社会、家族等の環境にあると、有能感、自己効力感を獲得していく過程は取りづらいものであり、それは、クライエントの無力感につながり、生活改善に向けての消極的傾向や、依存的傾向への背景となってしまう。そのような、パワーを失った状態を回復させていくことがエンパワメント・アプローチである。現代社会において、そのような状態に追い込まれがちになっている人々は、例えば、長期にわたって社会的ケアを受けなければならない状況におかれている高齢者、精神障がい者、身体障がい者、エイズ患者等である。

1）B.Solomon, *Black empowerment:Social work in Oppressed Communities*,
Colombia University Press,p.19,1976.

また、差別、抑圧、虐待などで人権を侵害され、無力感をしみ込ませられた人達もまた、パワーを失った状態であるといえる。

エンパワメントの原理は、我が国の90年代の福祉政策と重ね合わせて考えると、その基盤として重要な概念であるといえよう。戦後、必要にかられ制度化されてきた、弱者の保護救済という考え方から、社会福祉基礎構造改革により「社会福祉法」が改正され、「利用者本位と自立支援」「自己決定権」「自己選択権に基づくサービスの推進」へ、また「措置制度」から「契約制度」へ「措置費」から「介護報酬」「支援費」へと、援助者主導型のサービスから、利用者主導型サービスを目指すという変化の中に、まさにエンパワメントの理念が反映されている。

2　エンパワメント・アプローチの方法

既存の社会福祉援助技術を統合し、前述の原理を実現していくことであると説明できる。既存の社会福祉援助技術についてはその専門書を参照していただきたい。これまでより特徴的なのは、社会的側面に対しての介入が強調されているところである。E.コックスとR.パーソンズによると、介入次元は4段階に分けられる。

（1）個人の内的なエンパワーに焦点を置く個人的次元

個別援助技術（ケースワーク）の個別化、傾聴、受容、自己決定等の原則が適用され、特にクライエントの強さ、健康に焦点を当てていく。

（2）セルフヘルプグループへの参加等の対人関係的次元

共同的体験を通し、相互支持的かかわりを通して、自己の大切さ、他者の大切さ、受容的関係を実感していく。集団援助技術（グループワーク）の技法と関連付けられる。

（3）環境及び組織的次元

環境と自分との関係に目を向け、今までの関わり方を問題とし、自分の権利や要求を主張するというアドボカシーの次元である。ワーカーは、自分ではそれができないクライエントのために、代弁的機能を発揮するのである。それにより、クライエントは周囲が変化することを実感し、自己効力感や、セルフ・アドボカシーの能力を高める。

例えば、入所施設における自治会活動の支援とオンブズマンの利用等が挙げられる。地域援助技術（コミュニティーワーク）と関連付けられるだろう。

（4）社会政治次元

社会活動法（ソーシャルアクション）の次元であり、（3）のセルフ・アドボカシーをさらに発展させ、住民運動や市民運動等、組織化された社会に対する活動に参加す

るよう援助する。ワーカー自身が参加し、主体となる場合も含める。

　筆者がスーパーバイザーとして参加した健常児も含めた、自閉症など障がい児の統合キャンプにおいては、エンパワメントが反映されていた。それはスタッフと保護者、保護者同士の関わり、大学生のボランティアリーダー（プログラムリーダー、グループリーダー、ケースリーダー）と子どもたちの活動（できたという感動、自己効力感）などにおいてである。「すいません」を連呼する保護者が居た。それには「パワーレス」を感じさせられた。「ここではすいませんは言わなくてもいいですよ」と伝えると、「すいません」と返されてしまった。

　他者にエンパワメント・アプローチを実践する際に、最も大切なことは、「自分自身がエンパワメントされている」と実感することである。

II　自己覚知

1　自己覚知の必要性

　人は、それまでの成育歴の中で学習された人間関係を元に、新しい人間関係を形成する。フロイトは子どもの頃の心的外傷、トラウマが、成人してからの人格に大きな影響を与えることを述べた。つまり、人権について、人権とはこうだ、だからこのように接しなさい、と意識レベルの中でどう説得しても、無意識のコミュニケーションで学習されたスタイルが顔を出し、変化を及ぼさないことが多々あるのである。

　ただ意識レベルで、知らないよりは知っている方が良い。なぜなら、意識レベルで知識として知ることにより、無意識で操作されようとする自分にストップをかけられる可能性もあるからである。しかし、無意識と意識が戦っている状況は、非常に辛いものである。あるたたかれて育ったワーカーの例である。彼を36時間の分娩の難産で出産した母は、それをきっかけとして慢性関節リウマチとなり、「私が死んで新しいお母さんが来てもいい子で居るようにたたくんだからね。」と、子どものパンツを脱がしてたたいた。ワーカーである彼は、子どもをたたいてしつけるということを幼少期に学習させられているため、つい、そうしそうな衝動に自分も駆られる。だが、ワーカーであるため、知識として意識レベルから強力にストップをかけており、実際たたくにはいたらない。心の中はとても辛いが、彼の代でたたくしつけは止められ、職務上の体罰もくい止めることが実現できる。

　またある子どもは、どんなに成績が良くても、母親に「ダメな子だ」と繰り返し言いつづけられ、幼少の小さな胸で自殺企図を考えていたという。母親自身の劣等感が子どもを認めないとして表現され、そのことによって自分自身が自分を保っていたと

も考えられる。このような母親に人権をいくら説明しても、子どもへの接し方はさほど変わらないのではないだろうか。

したがって、人権侵害だから人をたたいてはいけない、人に冷たく当たってはいけない、受容しなさい、と意識レベルだけで人権を訴えるだけでは不充分なのである。権力者が、正義という大義名分で差別発言や行動を取った人間を一方的に強く非難したとしても、「では、差別をやめよう。」という温かな展開となるのでなく、不満や恐怖感、自己否定された怒りが残って、それがトラウマとなり、差別や人権という話題に拒否的になり、さらに深い差別意識を作ってしまうことになりかねない。

今までの生育歴を振り返り、自分の人間関係の持ち方にどんな癖があるのか、自分自身をよく見つめ、自己受容し、自分の傷を癒すことが、結果としてトラウマを克服することにつながり、人権を守るコミュニケーションをとる力になるのである。そのような作業を「自己覚知」という。

自己覚知とは、深い次元での自己理解であり、思想や価値観がどのような社会の中で形成されてきたか、どのような反応、行動をとる人間なのかを知る客観的な自己理解である。自己覚知により、ニュートラルな感覚で利用者を受容することができるとともに、逆転移（次項で詳述）を防止し、適切な対応、思考、判断ができるようになり、他者理解へと結びつくのである。

福祉従事者は、自分の観察力、感受性、理解力などをよく磨いておくことが大切で、自分の目に映っていることが、現実なのか、それとも自分自身の過去の経験に影響されたものなのかをよく把握することが必要で、継続して自分自身を見つめていることが必要である。

福祉専門職を目指す人には、自らが対人関係の傷を持つ人が少なくない。これは、自分が傷を負った経験があったからこそ、その問題を抱える者の傷に興味がわいて仕事としたということである。また、かつて自らが福祉ニーズを持ち、いわゆる弱い立場に置かれ、援助を必要とする経験があったから、きっと弱者の立場が理解できるだろうと、福祉の仕事を目指す人もいる。しかし、まずは自らの傷を乗り越えなければ、他人を癒すことなどはできない。

海外の精神分析家の養成課程では、自分自身が精神分析を受ける「個人分析」や「教育分析」というものがある。これは、精神分析家になる者が実際に自ら精神分析を受けるというもので、自己理解を深め、クライエントをより深く、敏感に理解し、心理療法の過程を不必要に歪めないようにすることを目的の1つとしている。

自己覚知の方法として、他にもロールプレイングやスーパービジョン、感受性訓練、エンカウンターグループなどがあり、さまざまな工夫の中で、意識的に自分自身を見つめる機会を設けていく必要がある。

2　逆転移の防止

　逆転移とは、「治療者・援助者側が、自らの過去の感情などをクライエントや子どもに向けること[2]」を言う。前述したように、ワーカー自身が傷を持っているからこそ、こういう仕事に惹かれてしまうということもある。子どもの問題について、自分の中に共鳴する部分がないと、子どもへの興味は持ちづらい。また、心の病に興味があることで、クライエントと心理療法家が同じ軸上に、犯罪に興味があるということで警察官と犯罪者が同じ軸上に居るともいわれている。プラス、マイナスは反対の位置にである。

　また、ワーカーの心の傷を癒すワークショップを実施すると、間接的だが、ワーカーに子どもに対する理解が出てきて優しくなる、ともいわれている。これは不登校のケースで、母親のカウンセリングをすると子どもが落ち着くというのとよく似ている。両者とも、「子どもにこのように接しなさい。」という、ハウツーの再認識が、功を奏しているという意味ではない。ワーカーの生育歴において、自分が受けてきた傷に気づいていないと、その傷を利用者にぶつけてしまうわけである。

　例えば、母親との関係が解決していないワーカーはそのことに気づいていないと女性の利用者とうまく関係が持てない。また、ワーカー自身がアルコール依存症の父の家庭で育ち、それを心の中で解決できていないと、アルコール依存症がらみの利用者に対応した時、無意識に父に対する感情（ポジティブ、ネガティブを含む）が出てしまったり、冷静に受容、共感、判断ができないほど自分の問題となぞらえてしまうのである。つまり、自分の問題を混入させてしまい、クライエントをひとりの人格として尊重できなくなるのである。

　ある児童養護施設の保育士の話である。若干知的能力の低い小学校1年生の女子が、食事の時、サラダにドレッシングをかけ過ぎたのを見て、保育士は注意するだけでなく、皿を持ってそのかけ過ぎたドレッシングを女児に飲ませた。また、幼児同士の喧嘩で、手に噛みついた男子をつかまえて、保育士がこの子どもの手に歯形がつくほど噛みついた。「目には目を、歯には歯を」である。この保育士は、後で落ち着いたときに反省したのではない。他の職員に武勇伝として自慢したのである。他の職員が驚いて間違いを指摘したが、まったく理解してもらえない。おそらく彼女はそうしてしつけられた生育歴があり、心に染み付いた子育ての概念がそのようなものであるから、別の概念を押し付けられたところで、理解できないのである。周りの職員は誰もが、その彼女のとった行動を人権侵害や虐待ととらえた。

　では、このような場合どうしたらよいのか。まずはスーパーバイザーが、その保育士に、自分の生育歴を思い出させる。親にドレッシングを飲まされるとか、噛みつかれたのに似た経験があったことが予想される。そして、その時どんな気持ちがしたか

2）谷田貝公昭・原裕視編『子ども心理辞典』一藝社、2011年、p.93

再体験させる。「つらかった。怖かった。苦しかった。死にたかった。」など、涙を流して語るかも知れない。そうすると、スーパーバイザーは傾聴し、共感し、彼女の傷を癒やすのである。PTSD（心的外傷後ストレス症候群）には、EFTタッピングセラピー（感情解放技法）などの短期療法も効果的である。心の傷が癒されれば、おそらく、人権侵害にあたるような行動や養育方法は二度ととらないだろう。

3　防衛機制からの発言を防ぐ

　ワーカーが自分の身を守るため発言したことが、利用者の人権を尊重していないことになってしまうことがある。これに対しては、継続してワーカーの心の動きに注意して援助してやる必要がある。バイスティックのケースワークの7原則のうちの1つ「意図的な感情表出」は、聞こえはなめらかであるが実際は厳しいものである。例えば、利用者がワーカーに対して強い口調で不満、文句を言い、「お前も他の人間と同じだ！」と怒鳴ったとする。その時、ワーカーの心の動きはどうであろう。怒りがこみ上げて怒鳴り返すか、恐怖におびえて謝罪するか、理屈で言い訳するだろうか。これらは、利用者の怒りを受容し、共感し、それが何に対しての怒りなのかをみつめてもらうこととは、まったく異なる。ワーカー自身の問題である。

　筆者が児童養護施設の児童指導員をしていた時の事例を挙げてみよう。中学3年生の男子の事例である。学校の先生との三者面談の時のこと、私は、親代わりなので、自宅から本児を施設に迎えに行き、2人で中学校へ向かうという手はずであった。私が中学校の約束の時間に間に合うであろうぎりぎりの時間で迎えに行くと、彼は支度ができておらず、三者面談の時間に少し遅れてしまった。私は中学校の先生に本児の支度ができておらずもたついて遅刻したことを話した。

　施設に帰ってから、本児は「ぎりぎりに来たのを俺のせいにした。」と、怒り狂った。後から思えば、彼の生活能力からすると、「さあ行くぞ。支度するぞ。」という声がけがなされないとエンジンがかからないので、彼にしてみれば、私に依存していたのを見事に裏切られたという感覚になろう。その時、冷静にそれを理解していれば、「中学3年生なら、よく時間を理解し、間に合うよう支度するものだ。」と、言えたはずだ。

　しかし、その時私は、彼の言うとおり、自分の防衛機制が働いたことを感じ、言い当てられたようにズキンとしたのである。自分がもたついたことを彼に押し付けた、投射という防衛機制である。

　これが、自分の性格や、防衛機制の癖を理解して、持続的に自分の心の動きを見ていないと、とんでもない発言や行動を生じ、その結果、利用者の人権を侵害してしまうということなのである。

Ⅲ　セルフエスティーム

　セルフエスティームとは、自分自身の良いところも悪いところも生きているさまも好きである、という自尊感情のことである。自己受容と言ってもよいであろう。
　人権を尊重することと関連して考えると、自分のことを大切に思えてこそ初めて、人のことを大切にしようとする気持ちが生まれる、ということなのである。
　セルフエスティームが高くなるか低くなるかは、子どもの頃の養育環境によって決まってくる。身近な人々に温かく受け入れられて育つことで、自分が大切な存在であるということを学習していくとセルフエスティームは高くなる。逆に、差別されてきたり、虐待を受けてきたり、すさんだ家庭の中で育ち、「自分がいないほうが良いのでは」という環境であれば、セルフエスティームは低くなる。子どもには自己中心的思考をとる傾向があるので、周囲の現象を自責の念を持って捉えがちである。その自己否定感を他者否定感として他人にぶつければ、人権侵害となるわけである。ぶつけられた方は、まったくいわれの無い感情である。その感情は差別者側をかつてひどい目に会わせた加害者に向けた感情の逆転移なのである。

Ⅳ　燃え尽きないために

　他人に自分のエネルギーを吸い取られて、疲れたり、具合が悪くなったり、辛くなったりした経験がないだろうか。わかりやすく言うと、具合が悪い人に誠心誠意対応すると、こちらの元気がその人に移り、その人が元気になる。そして、その分こちらが辛くなってしまうということである。ひどい時には、その人の調子の悪いところがそっくりそのまま移ることもある。例えば、腰痛の方のマッサージをしていると、施術者に腰痛が移るというようにである。腰痛がウィルスで感染するわけではない。科学的とはいえないが、人間同士の何らかのエネルギーのやり取りが行われていると感じる。
　筆者の実体験を紹介したい。母を亡くした年、1年間、中学校の教員の仕事をする機会を得た。1年4組担任、1年生5クラスの社会科の担当である。落ち込んでいた時だったが、朝の会の時、何気ないことをしゃべると、生徒たちの元気いっぱいのエネルギーをもらい、何か元気が出てきた。こちらが教育しているはずなのだが、生徒たちに逆にケアしてもらっているようだった。また、朝から父親ともめ出勤し教壇に立つと、「先生、今日は元気がないね。」と、声をかけてくれる。「実は父親と喧嘩してきた。」と言うと、俺のうちはこうだ、私のうちはこうだと、何人も言ってくれる。「だから大丈夫だよ。」と言ってくれていたみたいなのである。まさにグループワークである。

ところが、翌年より児童養護施設の児童指導員になって驚いた。力が吸い取られていく感じばかりなのである。「先生、元気が無いね。」などと、声をかけてもらうどころではない。それどころか、「気分で接しないでくれ。」と、しかられた。「これが、辛い思いをして生きてきた子どもたちなのだ。」と、思い知らされた。いっぺんに私が甘えている状況では無くなったことを悟った。子どもたちから、どろどろとした物を次々に投げつけられ、それを受け止めていく立場となった。精一杯やれば、子どもたちは反応してくれた。こちらが努力していることは必ず伝わる。しかし、逆にこちらがどんどん磨り減っていくのがわかった。
　身も心もボロボロになり、燃え尽きて辞めていく職員は後を絶たない。いい加減で、適当にやっている職員は燃え尽きない。悪意を持っているのでは、と思えるほどひどいことをしている職員も燃え尽きない（そのような職員はいないであろうことを願うが）。自分に正直に、心を開いて、子どものために何とか自分が役に立てないか、真剣に真面目に考えている者は燃え尽きる可能性がある。
　そこで、そうならないための考え方を提案したい。
　「自分がしてあげているから、クライエントが癒されるのではない。クライエントの自己回復力により、問題を解決していくのである。ワーカーはあくまでも、そばに寄り添い、彼らの自己回復力が円滑に働くように、少し手伝っているだけである。決して、施してやっている訳ではない。仮に、ワーカーからクライエントにエネルギーの移動があったとしたら、それはワーカーに蓄積されているエネルギーが伝わったのではない。長い歴史の中で自分がたまたま今存在し、大宇宙の膨大なエネルギーが、自分を介して、クライエントに伝わったのであり、パイプの役割をしたのである。むしろ、パイプを通る時に、エネルギーが少し引っかかり、自分も得られているのである。」
　これは基本的な考え方だが、つい忘れてしまう。自分が携わったからうまくいったとか、自分が我慢すればその分クライエントのためになる、とつい考えてしまう。ワーカーの自尊感情が低ければ、自分の自己効力感をクライエントの変容によって、確認しようとするだろう。それは「共依存」であるともいえる。
　しかしよく考えると、それはクライエントの依存心を強くするだけかも知れないし、自己決定権を奪うものかも知れない。依存されると気持ちが良いというワーカーの満足感と、自分が居ないと物事を決められなくなるようにして、クライエントをコントロールしたいというワーカーの満足感を満たすためにクライエントが存在するのであれば、クライエントの人権はまったく無視されている。また、満足を得られない、自分にとって都合の悪い方向をクライエントが選んだ場合、クライエントは見放され、人権は尊重されないという結果を招くことが想像できる。
　なぜ、自分が、保育士、栄養士、看護師、ソーシャルワーカー、ケアワーカーなどの対人援助を専門とする仕事につきたいと思ったのか、再度見つめなおし、気づきを得ることは大切である。

第 11 章　クライエントの人権と支援者の自己覚知

＜参考文献＞

『EFT タッピングセラピー、大人が子どもにできること』
　スーザン・J・ブーセン、ブレンダ監訳、梶原隆之訳、春秋社、2009 年。Susan Jeffrey Busen,
　A Guide to Emotional Freedom Techniques for Kids and Their Parents, iUniverse,2007.

森田ゆり『エンパワメントと人権－こころの力のみなもとへ』解放出版社、2002 年

森実『いま人権教育が変わる　国連人権教育 10 年の可能性』部落解放・人権研究所、2000 年

鈴木祥蔵・堀正嗣『人権保育カリキュラム』明石書店、2002 年

第12章　諸外国の社会福祉

　グローバリゼーションが進展する中で、福祉国家は変化が求められている。ここでは、グローバルな社会福祉を支える国際条約を確認し、さらに、諸外国の社会福祉について確認していく。

Ⅰ　グローバル社会における社会福祉

　これまで社会福祉について、国内政策あるいは日本国内における状況を理解してきた。一方で、今日、社会福祉は国境を越え国際化していることを認識する必要がある。
　人口は国際的に流動化しており、日本を離れ海外にて生活する場合もあれば、その逆で、日本で生活する外国人も増加している。たとえば、2018（平成30）年現在で世界人口はおよそ76億人で、そのうち世界三大宗教のイスラーム教徒人口は16億人であり、そして日本在住のイスラーム教徒人口は11万人と推計されている。これら日本在住のイスラーム教徒の中には、看護師や介護福祉士といった専門家が含まれており、今後さらなる増員が予想される。
　そこで今後は社会福祉の枠組みを考え直し、グローバル社会への対応が重要となるとともに、諸外国の動向を把握する必要があるため、社会保障協定の締結など社会福祉の国際化について理解しなければならない。社会保障協定とは、海外で生活する場合に、現地の年金制度にも加入を求めることにより、保険料の二重払いが生じたり、制度上必要な加入期間を満たさない場合に保険料の掛け捨てが生じることがあるため、これらの状況を解消するため政府間にて締結する協定のことである。
　したがって、国内に居住する外国人がサービス受給者として、あるいはサービス提供者としてどのように位置づけられていくのか、制度の見直しについても考えていく必要がある。

Ⅱ 国際条約などから考える社会福祉

1 国際人権規約

　国際人権規約とは、2つの人権規約、すなわち「経済的、社会的及び文化的権利に関する国際規約（A規約）」と「市民的及び政治的権利に関する国際規約（B規約）」といわれるものである。両規約とも、1966（昭和41）年12月16日に第21回国連総会で採択され、日本では1979（昭和54）年9月21日に発効した。

2 女子差別撤廃条約

　この条約の正式名称は、「女子に対するあらゆる形態の差別の撤廃に関する条約」である。1979（昭和54）年12月18日に、国連第34回総会で採択され、1981（昭和56）年に発効した。日本では1985（昭和60）年に発効した。
　主な条文の概要は次のとおりである。
　第1条　女性差別の定義
　第2条　条約国の差別撤廃義務
　第3条　女性の完全な発展と向上の確保
　第4条　差別とならない特別措置
　第5条　役割に基づく偏見等の撤廃
　第6条　売買・売春からの搾取の禁止
　第7条　政治的・公的活動における平等
　第10条　教育における差別の撤廃
　第11条　雇用における差別の撤廃

3 児童の権利に関する条約

　子どもの権利に関する国際的な動きは、女性に関する動きよりも、かなり早い時期に見られた。「すべての子どもは、身体的、心理的、道徳的及び精神的な発達のための機会があたえられなければならない」として「成長および発達の保障」をうたった「世界児童憲章草案」が、1922（大正11）年に提示された。その後、第一次世界大戦後、多くの子どもたちが犠牲になり人権を侵害されたことを反省し、1924（大正13）年に国際連盟総会で初めての人権宣言となった「子どもに権利に関する宣言」（ジュネーブ宣言）が採択された。そして、1959（昭和34）年には、「児童権利宣言」が国連総会で採択された。これは、ジュネーブ宣言が子どもを恩恵的に保護するという思想が強かったのに対して、子どもを権利主体としてとらえたところに意味があった。
　しかし、これが宣言であったため、1989（平成元）年に国連で採択され、1994（平成6）

年に日本が批准した条約が「児童の権利に関する条約」である。「子どもの最善の利益」の尊重をキーワードとして、子どもを「保護の対象」から「権利行使の主体」としてとらえようとしている。つまり、子どもは受動的権利を有していると同時に、能動的権利も保障されているのである。

4　高齢者のための国連原則

この原則は1991（平成3）年に国連により採択された。①自立（independence）、②参加（participation）、③介護（care）、④自己実現（self-fulfilment）、⑤尊厳（dignity）の5つである。

5　障がい者の権利に関する条約

この条約は2006（平成18）年に国連総会で採択され、2008（平成20）年に発効した。そして、障がい者の人権及び基本的自由の享有を確保し、障がい者の固有の尊厳の尊重を促進することを目的として、障がい者の権利の実現のための措置等について定める条約となっている。

この条約の主な内容は次の通りである。
（1）一般原則…障がい者の尊厳、自律及び自立の尊重、無差別、社会への完全かつ効果的な参加及び包容等
（2）一般的義務…合理的配慮の実施を怠ることを含め、障がいに基づくいかなる差別もなしに、すべての障がい者のあらゆる人権及び基本的自由を完全に実現することを確保し、及び促進すること等
（3）障がい者の権利実現のための措置…身体の自由、拷問の禁止、表現の自由等の自由権的権利及び教育、労働等の社会権的権利について締約国がとるべき措置等を規定
（4）条約の実施のための仕組み…条約の実施及び監視のための国内の枠組みの設置等

Ⅲ　諸外国における社会福祉

1　スウェーデンにおける社会福祉

北欧の国スウェーデンは、「福祉の国」つまり「高負担高福祉」であると同時に「男女平等の国」としても知られている。戦後の社会民主労働者党党首であったターゲ・エランデル首相の23年間の長期政権（1946～1969）においては、福祉政策の大きな

柱として「社会的弱者」である女性対策に力が入れられた。スウェーデンに限らず、女性が「社会的弱者」の立場にあらざるを得ない理由に「性別役割分業」があげられる。簡潔に言うと、男は社会で仕事を、女は家で家事・育児を、というように男女の性別において男女役割が社会的に決められていることである。しかしスウェーデンでは、国家が貧困な状況にあったため、女性を労働力として市場に参加せざるを得ないと判断した。そのためには、性別役割分業を崩壊させる必要があり、まずは、出産・育児休業給付、つまりできる限り育児休暇を認め、同時に、育児休業で休んでいる間の所得が保障された。2番目に重要なのが、育児休暇が終わった後に、子どもを預かる保育所を充実させることであった。

2　ニュージーランドにおける社会福祉

　ニュージーランドがすでに福祉国家の礎を世界に先駆けて構築していたことは、あまり知られていない。たとえば、1877（明治10）年には世界に先駆けて「義務教育の無償化」を実施、1893（明治26）には世界で初めて「女性の参政権」（被選挙権は1919（大正8）年）を認め、1926（昭和元）年には世界で最初に「家族手当」を導入し、その後1938（昭和13）年には、世界で初めての総合的で体系的な「社会保障法」を制定した。また、雇用については、1960（昭和35）年に「公的機関賃金平等法」（Government Service Equal Pay Act）、民間企業においても1972（昭和47）年に「賃金平等法」（Equal Pay Act）によって、男女別に基づく賃金格差が禁止された。また、1977（昭和52）年には「人権委員会法」（Human Rights Commission Act）により性別や既婚・未婚の別、人種や信条などに基づく、教育、雇用など幅広い分野での差別を禁止した。

　2017（平成29）年11月世界経済フォーラム（World Economic Forum）は、「The Global Gender Gap Report 2017」において、各国における男女格差を測るジェンダー・ギャップ指数（Gender Gap Index：GGI）を発表した。ニュージーランドは世界9位、スウェーデンは世界5位、日本は114位となっている。

3　イギリスにおける社会福祉

　イギリスの社会保障制度は1911（明治44）年のアスキス自由党政権の「国民保険法」に始まる。第二次世界大戦中のイギリスで、戦後社会の復興の柱として社会保障制度の充実を掲げ、ベヴァリッジを委員長とする委員会を設置、1942（昭和17）年に「ベヴァリッジ報告」が出され、1944（昭和19）年には国民保険省が新設され、「家族手当法」が制定された。

　1945（昭和20）年のイギリス最初の労働党単独内閣であるアトリー内閣によってベヴァリッジ・プランに基づく体系的な社会保障制度が実施され、医療費の無料化、

雇用保険、救貧制度、公営住宅の建設などの「福祉国家」建設が本格化した。これによってイギリス国民は「ゆりかごから墓場まで」の最低生活が保障されることとなった。

仕事と家庭の両立支援策家庭責任を有する者の仕事との両立支援策として、出産休暇の充実、父親休暇の付与、家庭責任保護（Home Responsibility Protection）等の雇用法制、社会保障法制面の充実が図られている。保育サービスについては、公立、営利企業、非営利団体、個人等の多様な主体が、保育所（day nursery）、遊戯グループ、保育ママ（child minder）、ベビーシッター、学童保育、休日学童保育等の様々なサービスを提供している。また、早期教育については、幼稚園（nursery school）があるほか、小学校もレセプションクラスとして就学前の児童を受け入れている。

4　アメリカにおける社会福祉

アメリカにおいては、福祉分野では「福祉から就労へ（Welfare to Work）」をテーマに、1996（平成 8）年に貧困家庭の自立を促すための「個人責任及び就労機会調整法」（The Personal Responsibility and Work Opportunity Reconciliation Act of 1996）が成立した。

公的扶助制度に関しては、日本の生活保護制度のような、連邦政府による包括的な公的扶助制度はない。高齢者、障がい者、児童など対象者の属性に応じて各制度が分立している。また、州政府独自の制度も存在している。主要な制度は、貧困家庭一時扶助（Temporary Assistance for Needy Families：TANF）、補足的所得保障（Supplement Security Income：SSI）、低所得者向けの医療保険であるメディケイド、補足的栄養支援（Supplemental Nutrition Assistance Program：SNAP（2008 年 10 月より「フードスタンプ」から名称変更）、一般扶助（General Assistance：GA）の 5 つである。その他、子育て世帯向けの粉ミルク支援策（WIC）、賃貸住宅補助、給食の無料券など、数多くの低所得者向け支援制度がある。

予算規模が大きいため、現在のトランプ政権では、メディケイドや旧フードスタンプの給付基準を見直すことに加え、オバマケア（医療保険制度改革）の見直し、学生向けのローンの見直しなどを通し、10 年間の総額で 1 兆ドル以上の削減を見込んでいる。そして削減されたコストは、福祉予算や福祉サービスに依存し、仕事がない、あるいは働きたくないといった者に対して「仕事を与える」、つまり職場に戻すための予

---

1) フードスタンプは、1930 年代にフランクリン・D・ローズヴェルト大統領の下で行われたニューディール政策に起源を持つ。
2) バラク・オバマ政権が推進した医療保険制度改革の通称であり、この制度を公約に掲げるオバマ大統領の名前と健康管理（ヘルスケア）を組み合わせた造語である。自由診療を基本とする米国では、医療費が高額であるため、多くの国民は民間の医療保険に加入している。しかし、保険料の支払いが困難な低所得者は医療保険への加入が困難である。オバマケアは、こうした問題を解決するため、民間より安価な公的医療保険への加入を国民に義務付ける制度である。

算になると考えられている。

＜参考文献＞

厚生労働省「ニッポン一億総活躍プラン等について」参考資料、2016年

厚生労働省「「子育て安心プラン」について」資料7、2017年

厚生労働省「「新しい経済政策パッケージ」について」資料3-1、2017年

内閣官邸「一人ひとりを包摂する社会」特命チーム「社会的包摂政策を進めるための基本的考え方」
　　参考資料、2011年

青山佾「ソーシャルインクルージョンを社会的包容力と訳すまで」『心と社会　No.131　39巻1号　巻頭言』日本精神衛生学会、2008年

福祉臨床シリーズ編集委員会編『地域福祉の理論と方法＜第3版＞』弘文堂、2017年

藤井威「スウェーデンモデルは日本に適用可能か」『文明』No.18, 1-16、東海大学文明研究所、2013年

芝田英昭「ニュージーランド社会保障の概要と課題」『立教大学コミュニティ福祉研究所紀要』第3号、
　　2015年

橘木俊詔『安心の社会保障改革 —福祉思想史と経済学で考える』東洋経済新報社、2010年

厚生労働省「各国にみる社会保障施策の概要と最近の動向」『世界の厚生労働』、2007年

厚生労働省「各国にみる社会保障施策の概要と最近の動向（イギリス）」『2010～2011年海外情勢報告』、
　　2012年

厚生労働省「社会保障施策」『2013年の海外情勢』、2013年

佐藤千登勢「アメリカにおけるフードスタンプ改革：2014年農業法をめぐる議論を中心に」『筑波大学地域研究』39巻、2018年

◆児童福祉法の一部を改正する法律:新旧対照表

厚生労働省HP　http://www.mhlw.go.jp/

児童福祉法(昭和二十二年法律第百六十四号)(抄)

(傍線部分は改正部分)

(第一条関係)

改　　正　　後	現　　行
第六条の二　(略)	第六条の二　(略)
[2]～[10]　(略)	[2]～[10]　(略)
[11]　この法律で、児童自立生活援助事業とは、<u>第二十七条第七項</u>の措置に係る者につき同項に規定する住居において同項に規定する日常生活上の援助及び生活指導<u>並びに就業の支援を行い、あわせて同項の措置を解除された者につき相談その他の援助を行う事業</u>をいう。	[11]　この法律で、児童自立生活援助事業とは、<u>第二十七条第九項</u>の措置に係る者につき同項に規定する住居において同項に規定する日常生活上の援助及び生活指導を行う事業をいう。
[12]・[13]　(略)	[12]・[13]　(略)
<u>第六条の三　この法律で、里親とは、保護者のない児童又は保護者に監護させることが不適当であると認められる児童(以下「要保護児童」という。)を養育することを希望する者であつて、都道府県知事が適当と認めるものをいう。</u>	
第八条　第七項、<u>第二十七条第六項</u>、第四十六条第四項及び第五十九条第五項の規定によりその権限に属させられた事項を調査審議するため、都道府県に児童福祉に関する審議会その他の合議制の機関を置くものとする。ただし、社会福祉法(昭和二十六年法律第四十五号)第十二条第一項の規定により同法第七条第一項に規定する地方社会福祉審議会(以下「地方社会福祉審議会」という。)に児童福祉に関する事項を調査審議させる都道府県にあつては、この限りでない。	第八条　第七項、<u>第二十七条第八項</u>、第四十六条第四項及び第五十九条第五項の規定によりその権限に属させられた事項を調査審議するため、都道府県に児童福祉に関する審議会その他の合議制の機関を置くものとする。ただし、社会福祉法(昭和二十六年法律第四十五号)第十二条第一項の規定により同法第七条第一項に規定する地方社会福祉審議会(以下「地方社会福祉審議会」という。)に児童福祉に関する事項を調査審議させる都道府県にあつては、この限りでない。
[2]～[6]　(略)	[2]～[6]　(略)
[7]　社会保障審議会及び都道府県児童福祉審議会(第一項ただし書に規定する都道府県にあつては、地方社会福祉審議会とする。<u>第二十七条第六項</u>、第四十六条第四項並びに第五十九条第五項及び第六項において同じ。)は、児童及び知的障害者の福祉を図るため、芸能、出版物、がん具、遊戯等を推薦し、又はそれらを製作し、興行し、若しくは販売する者等に対し、必要な勧告をすることができる	[7]　社会保障審議会及び都道府県児童福祉審議会(第一項ただし書に規定する都道府県にあつては、地方社会福祉審議会とする。<u>第二十七条第八項</u>、第四十六条第四項並びに第五十九条第五項及び第六項において同じ。)は、児童及び知的障害者の福祉を図るため、芸能、出版物、がん具、遊戯等を推薦し、又はそれらを製作し、興行し、若しくは販売する者等に対し、必要な勧告をすることができる。
第十二条の二　(略)	第十二条の二　(略)
[2]　(略)	[2]　(略)
[3]　<u>前項の規定は、主任児童委員が第一項各号に掲げる児童委員の職務を行うことを妨げるものではない。</u>	
[4]　(略)	[3]　(略)

第二十五条　要保護児童を発見した者は、これを福祉事務所若しくは児童相談所又は児童委員を介して福祉事務所若しくは児童相談所に通告しなければならない。ただし、罪を犯した満十四歳以上の児童については、この限りでない。この場合においては、これを家庭裁判所に通告しなければならない。	第二十五条　<u>保護者のない児童又は保護者に監護させることが不適当であると認める</u>児童を発見した者は、これを福祉事務所若しくは児童相談所又は児童委員を介して福祉事務所若しくは児童相談所に通告しなければならない。ただし、罪を犯した満十四歳以上の児童については、この限りでない。この場合においては、これを家庭裁判所に通告しなければならない。
第二十七条　（略）	第二十七条　（略）
一・二　（略）	一・二　（略）
三　児童を里親に委託し、又は乳児院、児童養護施設、知的障害児施設、知的障害児通園施設、盲ろうあ児施設、肢体不自由児施設、重症心身障害児施設、情緒障害児短期治療施設若しくは児童自立支援施設に入所させること。	三　児童を里親<u>（保護者のない児童又は保護者に監護させることが不適当であると認められる児童を養育することを希望する者であつて、都道府県知事が、適当と認める者をいう。以下同じ。）若しくは保護受託者（保護者のない児童又は保護者に監護させることが不適当であると認められる児童で学校教育法に定める義務教育を終了したものを自己の家庭に預かり、又は自己の下に通わせて、保護し、その性能に応じ、独立自活に必要な指導をすることを希望する者であつて、都道府県知事が適当と認めるものをいう。以下同じ。）</u>に委託し、又は乳児院、児童養護施設、知的障害児施設、知的障害児通園施設、盲ろうあ児施設、肢体不自由児施設、重症心身障害児施設、情緒障害児短期治療施設若しくは児童自立支援施設に入所させること。
四　（略）	四　（略）
[2]〜[4]　（略）	[2]〜[4]　（略）
	[5]　<u>第一項第三号の保護受託者に委託する措置は、あらかじめ、児童の同意を得、かつ、一年以内の期間を定めて、これを採らなければならない。</u>
	[6]　<u>都道府県は、委託の期間が満了したときは、さらに、児童の同意を得、かつ、一年以内の期間を定めて、児童の保護を保護受託者に委託することができる。</u>
[5]　都道府県知事は、第一項第二号若しくは第三号若しくは第二項の措置を解除し、停止し、<u>又は他の措置に変更する</u>場合には、児童相談所長の意見を聴かなければならない。	[7]　都道府県知事は、第一項第二号若しくは第三号若しくは第二項の措置を解除し、停止し、<u>若しくは他の措置に変更し、又は前項の措置を採る</u>場合には、児童相談所長の意見を聴かなければならない。
[6]　都道府県知事は、政令の定めるところにより、第一項第一号から第三号までの措置（第三項の規定により採るもの及び第二十八条第一項第一号又は第二号ただし書の規定により採るものを除く。）若しくは第二項の措置を採る場合<u>又は第一項第二号若しくは第三号若しくは第二項の措置を解除し、停止し、若しくは他の措置に変更する</u>場合には、都道府県児童福祉審議会の意見を聴かなければならない。	[8]　都道府県知事は、政令の定めるところにより、第一項第一号から第三号までの措置（第三項の規定により採るもの及び第二十八条第一項第一号又は第二号ただし書の規定により採るものを除く。）若しくは第二項の措置を採る場合、<u>第一項第二号若しくは第三号若しくは第二項の措置を解除し、停止し、若しくは他の措置に変更する場合又は第六項の措置を採る場合</u>には、都道府県児童福祉審議会の意見を聴かなければならない。

◆児童福祉法の一部を改正する法律：新旧対照表

改正後	改正前
[7]　都道府県は、義務教育を終了した児童であつて、第一項第三号に規定する措置のうち政令で定めるものを解除されたものその他政令で定めるものについて、当該児童の自立を図るため、政令で定める基準に従い、これらの者が共同生活を営むべき住居において相談その他の日常生活上の援助及び生活指導<u>並びに就業の支援</u>を行い、又は当該都道府県以外の者に当該住居において当該日常生活上の援助及び生活指導<u>並びに就業の支援</u>を行うことを委託する措置を採ることができる。	[9]　都道府県は、義務教育を終了した児童であつて、第一項第三号に規定する措置のうち政令で定めるものを解除されたものその他政令で定めるものについて、当該児童の自立を図るため、政令で定める基準に従い、これらの者が共同生活を営むべき住居において相談その他の日常生活上の援助及び生活指導を行い、又は当該都道府県以外の者に当該住居において当該日常生活上の援助及び生活指導を行うことを委託する措置を採ることができる。
第二十七条の二　（略）	第二十七条の二　（略）
[2]　前項に規定する措置は、この法律の適用については、前条第一項第三号の児童自立支援施設又は児童養護施設に入所させる措置とみなす。ただし、同条第四項及び<u>第六項</u>（措置を解除し、停止し、又は他の措置に変更する場合に係る部分を除く。）並びに第二十八条の規定の適用については、この限りでない。	[2]　前項に規定する措置は、この法律の適用については、前条第一項第三号の児童自立支援施設又は児童養護施設に入所させる措置とみなす。ただし、同条第四項及び<u>第八項</u>（措置を解除し、停止し、又は他の措置に変更する場合に係る部分を除く。）並びに第二十八条の規定の適用については、この限りでない。
第三十条の二　都道府県知事は、里親及び児童福祉施設の長並びに前条第一項に規定する者に、児童の保護について、必要な指示をし、又は必要な報告をさせることができる。	第三十条の二　都道府県知事は、里親、<u>保護受託者</u>及び児童福祉施設の長並びに前条第一項に規定する者に、児童の保護について、必要な指示をし、又は必要な報告をさせることができる。
第三十一条　（略）	第三十一条　（略）
[2]　都道府県は、第二十七条第一項第三号の規定により<u>里親に委託され、又は</u>児童養護施設、知的障害児施設（国の設置する知的障害児施設を除く。）、盲ろうあ児施設、情緒障害児短期治療施設<u>若しくは</u>児童自立支援施設に入所した児童については満二十歳に達するまで、同号の規定により国の設置する知的障害児施設に入所した児童についてはその者が社会生活に順応することができるようになるまで、引き続き同号の<u>規定による委託を継続し、又は</u>その者をこれらの児童福祉施設に在所させる措置を採ることができる。	[2]　都道府県は、第二十七条第一項第三号の規定により<u>児童養護施設</u>、知的障害児施設（国の設置する知的障害児施設を除く。）、盲ろうあ児施設、情緒障害児短期治療施設<u>又は</u>児童自立支援施設に入所した児童については満二十歳に達するまで、同号の規定により国の設置する知的障害児施設に入所した児童についてはその者が社会生活に順応することができるようになるまで、引き続きその者をこれらの児童福祉施設に在所させる措置を採ることができる。
[3]　（略）	[3]　（略）
[4]　都道府県は、<u>第二十七条第七項</u>の措置を採つた児童については、満二十歳に達するまで、引き続きその者に援助を行い、又は同項に規定する委託を継続する措置を採ることができる。	[4]　都道府県は、<u>第二十七条第九項</u>の措置を採つた児童については、満二十歳に達するまで、引き続きその者に援助を行い、又は同項に規定する委託を継続する措置を採ることができる。
[5]　前各項に規定する保護又は措置は、この法律の適用については、母子保護の実施又は第二十七条第一項第三号、第二項若しくは<u>第七項</u>に規定する措置とみなす。	[5]　前各項に規定する保護又は措置は、この法律の適用については、母子保護の実施又は第二十七条第一項第三号、第二項若しくは<u>第九項</u>に規定する措置とみなす。
[6]　（略）	[6]　（略）
第三十二条　都道府県知事は、第二十七条第一項、第二項又は<u>第七項</u>の措置を採る権限の全部又は一部を児童相談所長に委任することができる。	第三十二条　都道府県知事は、第二十七条第一項、第二項又は<u>第九項</u>の措置を採る権限の全部又は一部を児童相談所長に委任することができる。
[2]　（略）	[2]　（略）
第三十三条の四　（略）	第三十三条の四　（略）
一　第二十一条の二十五、第二十五条の二第二号、第二十六条第一項第二号並びに第二十七条第一項第二号及び<u>第七項</u>の措置　当該措置に係る児童の保護者	一　第二十一条の二十五、第二十五条の二第二号、第二十六条第一項第二号並びに第二十七条第一項第二号及び<u>第九項</u>の措置　当該措置に係る児童の保護者

二〜四　（略）	二〜四　（略）
第三十三条の五　第二十一条の二十五、第二十五条の二第二号、第二十六条第一項第二号若しくは第二十七条第一項第二号若しくは第三号、第二項若しくは<u>第七項</u>の措置を解除する処分又は保育の実施等の解除については、行政手続法（平成五年法律第八十八号）第三章（第十二条及び第十四条を除く。）の規定は、適用しない。	第三十三条の五　第二十一条の二十五、第二十五条の二第二号、第二十六条第一項第二号若しくは第二十七条第一項第二号若しくは第三号、第二項若しくは<u>第九項</u>の措置を解除する処分又は保育の実施等の解除については、行政手続法（平成五年法律第八十八号）第三章（第十二条及び第十四条を除く。）の規定は、適用しない。
第三十四条　（略）	第三十四条　（略）
一〜八　（略）	一〜八　（略）
九　児童の心身に有害な影響を与える行為をさせる目的をもつて、これを自己の支配下に置く行為	九　<u>児童が四親等内の児童である場合及び児童に対する支配が正当な雇用関係に基づくものであるか又は家庭裁判所、都道府県知事又は児童相談所長の承認を得たものである場合を除き、</u>児童の心身に有害な影響を与える行為をさせる目的をもつて、これを自己の支配下に置く行為
[2]　（略）	[2]　（略）
第三十四条の六　児童居宅生活支援事業又は児童自立生活援助事業を行う者は、第二十一条の二十五第一項、第二十六条第一項第二号又は第二十七条第一項第二号若しくは<u>第七項</u>の規定による委託を受けたときは、正当な理由がない限り、これを拒んではならない。	第三十四条の六　児童居宅生活支援事業又は児童自立生活援助事業を行う者は、第二十一条の二十五第一項、第二十六条第一項第二号又は第二十七条第一項第二号若しくは<u>第九項</u>の規定による委託を受けたときは、正当な理由がない限り、これを拒んではならない。
第三十七条　乳児院は、乳児（保健<u>上、安定した生活環境の確保</u>その他の理由により特に必要のある場合には、幼児を含む。）を入院させて、これを<u>養育し、あわせて退院した者について相談その他の援助を行う</u>ことを目的とする施設とする。	第三十七条　乳児院は、乳児（保健上その他の理由により特に必要のある場合には、<u>おおむね二歳未満の</u>幼児を含む。）を入院させて、これを<u>養育する</u>ことを目的とする施設とする。
第三十八条　母子生活支援施設は、配偶者のない女子又はこれに準ずる事情にある女子及びその者の監護すべき児童を入所させて、これらの者を保護するとともに、これらの者の自立の促進のためにその生活を<u>支援し、あわせて退所した者について相談その他の援助を行う</u>ことを目的とする施設とする。	第三十八条　母子生活支援施設は、配偶者のない女子又はこれに準ずる事情にある女子及びその者の監護すべき児童を入所させて、これらの者を保護するとともに、これらの者の自立の促進のためにその生活を<u>支援する</u>ことを目的とする施設とする。
第四十一条　児童養護施設は、<u>保護者のない児童（乳児を除く。ただし、安定した生活環境の確保その他の理由により特に必要のある場合には、乳児を含む。以下この条において同じ。）、</u>虐待されている児童その他環境上養護を要する児童を入所させて、これを養護し、あわせて<u>退所した者に対する相談その他の自立のための援助を行う</u>ことを目的とする施設とする。	第四十一条　児童養護施設は、<u>乳児を除いて、保護者のない</u>児童、虐待されている児童その他環境上養護を要する児童を入所させて、これを養護し、あわせて<u>その自立を支援する</u>ことを目的とする施設とする。
第四十三条の五　情緒障害児短期治療施設は、軽度の情緒障害を有する児童を、短期間、入所させ、又は保護者の下から通わせて、その情緒障害を<u>治し、あわせて退所した者について相談その他の援助を行う</u>ことを目的とする施設とする。	第四十三条の五　情緒障害児短期治療施設は、軽度の情緒障害を有する児童を、短期間、入所させ、又は保護者の下から通わせて、その情緒障害を<u>治す</u>ことを目的とする施設とする。
第四十四条　児童自立支援施設は、不良行為をなし、又はなすおそれのある児童及び家庭環境その他の環境上の理由により生活指導等を要する児童を入所させ、又は保護者の下から通わせて、個々の児童の状況に応じて必要な指導を行い、その自立を<u>支援し、あわせて退所した者について相談その他の援助を行う</u>ことを目的とする施設とする。	第四十四条　児童自立支援施設は、不良行為をなし、又はなすおそれのある児童及び家庭環境その他の環境上の理由により生活指導等を要する児童を入所させ、又は保護者の下から通わせて、個々の児童の状況に応じて必要な指導を行い、その自立を<u>支援する</u>ことを目的とする施設とする。

◆児童福祉法の一部を改正する法律：新旧対照表

新	旧
第四十五条　厚生労働大臣は、児童福祉施設の設備及び運営並びに里親の行う養育について、最低基準を定めなければならない。この場合において、その最低基準は、児童の身体的、精神的及び社会的な発達のために必要な生活水準を確保するものでなければならない。	第四十五条　厚生労働大臣は、児童福祉施設の設備及び運営、里親の行う養育並びに保護受託者の行う保護について、最低基準を定めなければならない。この場合において、その最低基準は、児童の身体的、精神的及び社会的な発達のために必要な生活水準を確保するものでなければならない。
[2]　児童福祉施設の設置者及び里親は、前項の最低基準を遵守しなければならない。	[2]　児童福祉施設の設置者並びに里親及び保護受託者は、前項の最低基準を遵守しなければならない。
[3]　（略）	[3]　（略）
第四十六条　都道府県知事は、前条の最低基準を維持するため、児童福祉施設の設置者、児童福祉施設の長及び里親に対して、必要な報告を求め、児童の福祉に関する事務に従事する職員に、関係者に対して質問させ、若しくはその施設に立ち入り、設備、帳簿書類その他の物件を検査させることができる。	第四十六条　都道府県知事は、前条の最低基準を維持するため、児童福祉施設の設置者、児童福祉施設の長、里親及び保護受託者に対して、必要な報告を求め、児童の福祉に関する事務に従事する職員に、関係者に対して質問させ、若しくはその施設に立ち入り、設備、帳簿書類その他の物件を検査させることができる。
[2]～[4]　（略）	[2]～[4]　（略）
第四十七条　（略）	第四十七条　（略）
[2]　児童福祉施設の長又は里親は、入所中又は受託中の児童で親権を行う者又は未成年後見人のあるものについても、監護、教育及び懲戒に関し、その児童の福祉のため必要な措置をとることができる。	[2]　児童福祉施設の長は、入所中の児童で親権を行う者又は未成年後見人のあるものについても、監護、教育及び懲戒に関し、その児童の福祉のため必要な措置をとることができる。
第四十八条　児童養護施設、知的障害児施設、盲ろうあ児施設、肢体不自由児施設、情緒障害児短期治療施設及び児童自立支援施設の長並びに里親は、学校教育法に規定する保護者に準じて、その施設に入所中又は受託中の児童を就学させなければならない。	第四十八条　児童養護施設、知的障害児施設、盲ろうあ児施設、肢体不自由児施設、情緒障害児短期治療施設及び児童自立支援施設の長は、学校教育法に規定する保護者に準じて、その施設に入所中の児童を就学させなければならない。
第五十条　（略）	第五十条　（略）
一～六の三　（略）	一～六の三　（略）
七　都道府県が、第二十七条第一項第三号に規定する措置を採つた場合において、入所又は委託に要する費用及び入所後の保護又は委託後の養育につき、第四十五条の最低基準を維持するために要する費用（国の設置する乳児院、児童養護施設、知的障害児施設、知的障害児通園施設、盲ろうあ児施設、肢体不自由児施設、重症心身障害児施設、情緒障害児短期治療施設又は児童自立支援施設に入所させた児童につき、その入所後に要する費用を除く。）	七　都道府県が、第二十七条第一項第三号に規定する措置を採つた場合において、入所又は委託（保護受託者に委託する場合を除く。以下同じ。）に要する費用及び入所後の保護又は委託後の養育につき、第四十五条の最低基準を維持するために要する費用（国の設置する乳児院、児童養護施設、知的障害児施設、知的障害児通園施設、盲ろうあ児施設、肢体不自由児施設、重症心身障害児施設、情緒障害児短期治療施設又は児童自立支援施設に入所させた児童につき、その入所後に要する費用を除く。）
七の二～九　（略）	七の二～九　（略）
第五十六条　（略）	第五十六条　（略）
[2]　第五十条第五号、第六号及び第六号の三から第七号の二までに規定する費用を支弁した都道府県又は第五十一条第一号に規定する費用（業者に委託しないで補装具の交付又は修理が行われた場合における当該措置に要する費用に限る。）並びに同条第二号及び第三号に規定する費用を支弁した市町村の長は、本人又はその扶養義務者から、その負担能力に応じ、その費用の全部又は一部を徴収することができる。	[2]　第五十条第五号から第六号まで及び第六号の三から第七号の二までに規定する費用を支弁した都道府県又は第五十一条第一号に規定する費用（業者に委託しないで補装具の交付又は修理が行われた場合における当該措置に要する費用に限る。）並びに同条第二号及び第三号に規定する費用を支弁した市町村の長は、本人又はその扶養義務者から、その負担能力に応じ、その費用の全部又は一部を徴収することができる。
[3]～[7]　（略）	[3]～[7]　（略）

改正後	現行
[8] 都道府県知事又は市町村長は、第一項の規定による負担能力の認定、第二項若しくは第三項の規定による費用の徴収又は第四項若しくは第五項の規定による費用の支払の命令に関し必要があると認めるときは、本人又はその扶養義務者の収入の状況につき、官公署に対し、必要な書類の閲覧又は資料の提供を求めることができる。	
[9] 第一項から第三項まで又は第七項の規定による費用の徴収は、これを本人又はその扶養義務者の居住地又は財産所在地の都道府県又は市町村に嘱託することができる。	[8] 第一項から第三項まで又は前項の規定による費用の徴収は、これを本人又はその扶養義務者の居住地又は財産所在地の都道府県又は市町村に嘱託することができる。
[10] （略）	[9] （略）
第六十条　（略）	第六十条　（略）
[2]～[4]　（略）	[2]～[4]　（略）
[5] 第二項（第三十四条第一項第七号及び第九号の規定に違反した者に係る部分に限る。）の罪は、刑法第四条の二の例に従う。	

児童福祉法（昭和二十二年法律第百六十四号）（抄）

（傍線部分は改正部分）

（第二条関係）

改　正　後	現　行
目次 • 第一章　総則（第一条｜第三条） 　o 第一節　（略） 　o 第二節　児童福祉審議会等（第八条｜第九条） 　o 第三節　実施機関（第十条｜第十二条の六） 　o 第四節　児童福祉司（第十三条｜第十五条） 　o 第五節　児童委員（第十六条｜第十八条の三） 　o 第六節　（略） • 第二章　福祉の保障 　o 第一節　療育の指導、医療の給付等（第十九条｜第二十一条の九の二） 　o 第二節～第五節　（略） • 第三章～第六章　（略） • 附則 　o 第三節　実施機関	目次 • 第一章　総則（第一条｜第三条） 　o 第一節　（略） 　o 第二節　児童福祉審議会等（第八条｜第十条） 　o 第三節　児童福祉司（第十一条｜第十一条の三） 　o 第四節　児童委員（第十二条｜第十四条） 　o 第五節　児童相談所、福祉事務所及び保健所（第十五条｜第十八条の三） 　o 第六節　（略） • 第二章　福祉の保障 　o 第一節　療育の指導、医療の給付等（第十九条｜第二十一条の九） 　o 第二節～第五節　（略） • 第三章～第六章　（略） • 附則
第十条　市町村は、この法律の施行に関し、次に掲げる業務を行わなければならない。 • 一　児童及び妊産婦の福祉に関し、必要な実情の把握に努めること。 • 二　児童及び妊産婦の福祉に関し、必要な情報の提供を行うこと。 • 三　児童及び妊産婦の福祉に関し、家庭その他からの相談に応じ、必要な調査及び指導を行うこと並びにこれらに付随する業務を行うこと。	第十条　削除

◆児童福祉法の一部を改正する法律：新旧対照表

[2]　市町村長は、前項第三号に掲げる業務のうち専門的な知識及び技術を必要とするものについては、児童相談所の技術的援助及び助言を求めなければならない。	
[3]　市町村長は、第一項第三号に掲げる業務を行うに当たつて、医学的、心理学的、教育学的、社会学的及び精神保健上の判定を必要とする場合には、児童相談所の判定を求めなければならない。	
[4]　市町村は、この法律による事務を適切に行うために必要な体制の整備に努めるとともに、当該事務に従事する職員の人材の確保及び資質の向上のために必要な措置を講じなければならない。	
第十一条　都道府県は、この法律の施行に関し、次に掲げる業務を行わなければならない。 ・一　前条第一項各号に掲げる市町村の業務の実施に関し、市町村相互間の連絡調整、市町村に対する情報の提供その他必要な援助を行うこと及びこれらに付随する業務を行うこと。 ・二　児童及び妊産婦の福祉に関し、主として次に掲げる業務を行うこと。 　o イ　各市町村の区域を超えた広域的な見地から、実情の把握に努めること。 　o ロ　児童に関する家庭その他からの相談のうち、専門的な知識及び技術を必要とするものに応ずること。 　o ハ　児童及びその家庭につき、必要な調査並びに医学的、心理学的、教育学的、社会学的及び精神保健上の判定を行うこと。 　o ニ　児童及びその保護者につき、ハの調査又は判定に基づいて必要な指導を行うこと。 　o ホ　児童の一時保護を行うこと。	
[2]　都道府県知事は、市町村の前条第一項各号に掲げる業務の適切な実施を確保するため必要があると認めるときは、市町村に対し、必要な助言を行うことができる。	
[3]　都道府県知事は、第一項又は前項の規定による都道府県の事務の全部又は一部を、その管理に属する行政庁に委任することができる。	
第十二条　都道府県は、児童相談所を設置しなければならない。	[参考]

⑵　児童相談所は、児童の福祉に関し、主として前条第一項第一号に掲げる業務及び同項第二号ロからホまでに掲げる業務を行うものとする。	第五節　児童相談所、福祉事務所及び保健所 第十五条　都道府県は、児童相談所を設置しなければならない。 第十五条の二　児童相談所は、児童の福祉に関する事項について、主として左の業務を行うものとする。 ・一　児童に関する各般の問題につき、家庭その他からの相談に応ずること。 ・二　児童及びその家庭につき、必要な調査並びに医学的、心理学的、教育学的、社会学的及び精神保健上の判定を行うこと。 ・三　児童及びその保護者につき、前号の調査又は判定に基づいて必要な指導を行なうこと。 ・四　児童の一時保護を行うこと。
⑶　児童相談所は、必要に応じ、巡回して、前項に規定する業務（前条第一項第二号ホに掲げる業務を除く。）を行うことができる。	⑵　児童相談所は、必要に応じ、巡回して、前項第一号から第三号までの業務を行うことができる。
⑷　児童相談所長は、その管轄区域内の社会福祉法に規定する福祉に関する事務所（以下「福祉事務所」という。）の長（以下「福祉事務所長」という。）に必要な調査を委嘱することができる。	
第十二条の二　児童相談所には、所長及び所員を置く。	第十六条　児童相談所には、所長及び所員を置く。
⑵　所長は、都道府県知事の監督を受け、所務を掌理する。	⑵　所長は、都道府県知事の監督を受け、所務を掌理する。
⑶　所員は、所長の監督を受け、前条に規定する業務をつかさどる。	⑶　所員は、所長の監督を受け、前条に規定する業務を掌る。
⑷　児童相談所には、第一項に規定するもののほか、必要な職員を置くことができる。	⑷　児童相談所には、第一項に規定するものの外、必要な職員を置くことができる。
第十二条の三　児童相談所の所長及び所員は、事務吏員又は技術吏員とする。	第十六条の二　児童相談所の所長及び所員は、事務吏員又は技術吏員とする。
⑵　所長は、次の各号のいずれかに該当する者でなければならない。	⑵　所長は、次の各号のいずれかに該当する者でなければならない。
一　医師であつて、精神保健に関して学識経験を有する者	一　医師であつて、精神保健に関して学識経験を有する者
二　学校教育法（昭和二十二年法律第二十六号）に基づく大学又は旧大学令（大正七年勅令第三百八十八号）に基づく大学において、心理学を専修する学科又はこれに相当する課程を修めて卒業した者	二　学校教育法に基く大学又は旧大学令に基づく大学において、心理学を専修する学科又はこれに相当する課程を修めて卒業した者
三　社会福祉士	二の二　社会福祉士
四　児童の福祉に関する事務をつかさどる職員（以下「児童福祉司」という。）として二年以上勤務した者又は児童福祉司たる資格を得た後二年以上所員として勤務した者	三　二年以上児童福祉司として勤務した者又は児童福祉司たる資格を得た後二年以上所員として勤務した者
五　前各号に掲げる者と同等以上の能力を有すると認められる者であつて、厚生労働省令で定めるもの	四　前各号に掲げる者と同等以上の能力を有すると認められる者であつて、厚生労働省令で定めるもの
⑶　所長は、厚生労働大臣が定める基準に適合する研修を受けなければならない。	
⑷　判定をつかさどる所員の中には、第二項第一号に該当する者又はこれに準ずる資格を有する者及び同項第二号に該当する者又はこれに準ずる資格を有する者が、それぞれ一人以上含まれなければならない。	⑶　判定を掌る所員の中には、前項第一号に該当する者又はこれに準ずる資格を有する者及び同項第二号に該当する者又はこれに準ずる資格を有する者が、それぞれ一人以上含まれなければならない。

◆児童福祉法の一部を改正する法律：新旧対照表

[5]　相談及び調査をつかさどる所員は、児童福祉司たる資格を有する者でなければならない。	[4]　相談及び調査を掌る所員は、児童福祉司たる資格を有する者でなければならない。
第十二条の四　児童相談所には、必要に応じ、児童を一時保護する施設を設けなければならない。	第十七条　児童相談所には、必要に応じ、児童を一時保護する施設を設けなければならない。
第十二条の五　この法律で定めるもののほか、児童相談所の管轄区域その他児童相談所に関し必要な事項は、命令でこれを定める。	第十八条　この法律で定めるものの外、児童相談所の管轄区域その他児童相談所に関し必要な事項は、命令でこれを定める。
	第十八条の二　福祉事務所は、この法律の施行に関し、主として左の業務を行うものとする。 ・一　児童及び妊産婦の福祉に関し、必要な実情の把握に努めること。 ・二　児童及び妊産婦の福祉に関する事項について、相談に応じ、必要な調査を行い、及び個別的に又は集団的に、必要な指導を行うこと並びにこれらに附随する業務を行うこと。
	[2]　児童相談所長は、その管轄区域内の福祉事務所の長（以下「福祉　事務所長」という。）に必要な調査を委嘱することができる。
第十二条の六　保健所は、この法律の施行に関し、主として次の業務を行うものとする。	第十八条の三　保健所は、この法律の施行に関し、主として次の業務を行うものとする。
二　児童の保健について、正しい衛生知識の普及を図ること。	一　児童の保健について、正しい衛生知識の普及を図ること。
二　児童の健康相談に応じ、又は健康診査を行い、必要に応じ、保健指導を行うこと。	二　児童の健康相談に応じ、又は健康診査を行い、必要に応じ、保健指導を行うこと。
三　身体に障害のある児童及び疾病により長期にわたり療養を必要とする児童の療育について、指導を行うこと。	三　身体に障害のある児童及び疾病により長期にわたり療養を必要とする児童の療育について、指導を行うこと。
四　児童福祉施設に対し、栄養の改善その他衛生に関し、必要な助言を与えること。	四　児童福祉施設に対し、栄養の改善その他衛生に関し、必要な助言を与えること。
[2]　児童相談所長は、相談に応じた児童、その保護者又は妊産婦について、保健所に対し、保健指導その他の必要な協力を求めることができる。	
第四節　児童福祉司	第三節　児童福祉司
第十三条　都道府県は、その設置する児童相談所に、児童福祉司を置かなければならない。	
[2]　児童福祉司は、事務吏員又は技術吏員とし、次の各号のいずれかに該当する者のうちから、任用しなければならない。	第十一条　都道府県は、児童相談所に、事務吏員又は技術吏員であつて次の各号のいずれかに該当するものの中から任用した児童の福祉に関する事務をつかさどるもの（以下「児童福祉司」という。）を置かなければならない。
一　（略）	一　（略）
二　学校教育法に基づく大学又は旧大学令に基づく大学において、心理学、教育学若しくは社会学を専修する学科又はこれらに相当する課程を修めて卒業した者であつて、厚生労働省令で定める施設において一年以上児童その他の者の福祉に関する相談に応じ、助言、指導その他の援助を行う業務に従事したもの	二　学校教育法（昭和二十二年法律第二十六号）に基づく大学又は旧大学令（大正七年勅令第三百八十八号）に基づく大学において、心理学、教育学若しくは社会学を専修する学科又はこれらに相当する課程を修めて卒業した者
三～五　（略）	三～五　（略）
[3]・[4]　（略）	[2]・[3]　（略）

第十四条　市町村長は、前条第三項に規定する事項に関し、児童福祉司に必要な状況の通報及び資料の提供並びに必要な援助を求めることができる。	第十一条の二　市町村長は、前条第二項に規定する事項に関し、児童福祉司に必要な状況の通報及び資料の提供並びに必要な援助を求めることができる。
[2]　（略）	[2]　（略）
第十五条　（略）	第十一条の三　（略）
第五節　児童委員	第四節　児童委員
第十六条　（略）	第十二条　（略）
第十七条　児童委員は、次に掲げる職務を行う。	第十二条の二　児童委員は、次に掲げる職務を行う。
一～三　（略）	一～三　（略）
四　児童福祉司又は福祉事務所の社会福祉主事の行う職務に協力すること。	四　児童福祉司又は社会福祉法に規定する福祉に関する事務所（以下「福祉事務所」という。）の社会福祉主事の行う職務に協力すること。
五・六　（略）	五・六　（略）
[2]～[4]　（略）	[2]～[4]　（略）
第十八条　（略）	第十三条　（略）
第十八条の二　（略）	第十三条の二　（略）
第十八条の三　（略）	第十四条　（略）
	第五節　児童相談所、福祉事務所及び保健所
	第十五条　都道府県は、児童相談所を設置しなければならない。
	第十五条の二　児童相談所は、児童の福祉に関する事項について、主として左の業務を行うものとする。
	・一　児童に関する各般の問題につき、家庭その他からの相談に応ずること。
	・二　児童及びその家庭につき、必要な調査並びに医学的、心理学的、教育学的、社会学的及び精神保健上の判定を行うこと。
	・三　児童及びその保護者につき、前号の調査又は判定に基づいて必要な指導を行なうこと。
	・四　児童の一時保護を行うこと。
	[2]　児童相談所は、必要に応じ、巡回して、前項第一号から第三号までの業務を行うことができる。
	第十六条　児童相談所には、所長及び所員を置く。
	[2]　所長は、都道府県知事の監督を受け、所務を掌理する。
	[3]　所員は、所長の監督を受け、前条に規定する業務を掌る。
	[4]　児童相談所には、第一項に規定するものの外、必要な職員を置くことができる。
	第十六条の二　児童相談所の所長及び所員は、事務吏員又は技術吏員とする。

◆児童福祉法の一部を改正する法律：新旧対照表

	[2] 所長は、次の各号のいずれかに該当する者でなければならない。 ・一 医師であつて、精神保健に関して学識経験を有する者 ・二 学校教育法に基く大学又は旧大学令に基づく大学において、心理学を専修する学科又はこれに相当する課程を修めて卒業した者 ・二の二 社会福祉士 ・三 二年以上児童福祉司として勤務した者又は児童福祉司たる資格を得た後二年以上所員として勤務した者 ・四 前各号に掲げる者と同等以上の能力を有すると認められる者であつて、厚生労働省令で定めるもの
	[3] 判定を掌る所員の中には、前項第一号に該当する者又はこれに準ずる資格を有する者及び同項第二号に該当する者又はこれに準ずる資格を有する者が、それぞれ一人以上含まれなければならない。
	[4] 相談及び調査を掌る所員は、児童福祉司たる資格を有する者でなければならない。
	第十七条 児童相談所には、必要に応じ、児童を一時保護する施設を設けなければならない。
	第十八条 この法律で定めるものの外、児童相談所の管轄区域その他児童相談所に関し必要な事項は、命令でこれを定める。
	第十八条の二 福祉事務所は、この法律の施行に関し、主として左の業務を行うものとする。 ・一 児童及び妊産婦の福祉に関し、必要な実情の把握に務めること。 ・二 児童及び妊産婦の福祉に関する事項について、相談に応じ、必要な調査を行い、及び個別的に又は集団的に、必要な指導を行うこと並びにこれらに附随する業務を行うこと。
	[2] 児童相談所長は、その管轄区域内の福祉事務所の長（以下「福祉事務所長」という。）に必要な調査を委嘱することができる。
	第十八条の三 保健所は、この法律の施行に関し、主として次の業務を行うものとする。 ・一 児童の保健について、正しい衛生知識の普及を図ること。 ・二 児童の健康相談に応じ、又は健康診査を行い、必要に応じ、保健指導を行うこと。 ・三 身体に障害のある児童及び疾病により長期にわたり療養を必要とする児童の療育について、指導を行うこと。 ・四 児童福祉施設に対し、栄養の改善その他衛生に関し、必要な助言を与えること。

第二十一条の九の二　都道府県は、厚生労働大臣が定める慢性疾患にかつていることにより長期にわたり療養を必要とする児童又は児童以外の満二十歳に満たない者（政令で定めるものに限る。）であつて、当該疾患の状態が当該疾患ごとに厚生労働大臣が定める程度であるものの健全な育成を図るため、当該疾患の治療方法に関する研究その他必要な研究に資する医療の給付その他の政令で定める事業を行うことができる。	
第二十一条の二十九　市町村は、子育て支援事業に関し必要な情報の提供を行うとともに、保護者から求めがあつたときは、当該保護者の希望、その児童の養育の状況、当該児童に必要な支援の内容その他の事情を勘案し、当該保護者が最も適切な子育て支援事業の利用ができるよう、相談に応じ、必要な助言を行うものとする。	第二十一条の二十九　市町村は、子育て支援事業に関し必要な情報の提供を行うとともに、保護者から求めがあつたときは、当該保護者の希望、その児童の養育に必要な支援の内容その他の事情を勘案し、当該保護者が最も適切な子育て支援事業の利用ができるよう、相談に応じ、必要な助言を行うものとする。
[2]～[4]　（略）	[2]～[4]　（略）
第二十二条　（略）	第二十二条　（略）
[2]　（略）	[2]　（略）
[3]　都道府県等は、第二十五条の七第二項第三号、第二十五条の八第三号又は第二十六条第一項第四号の規定による報告又は通知を受けた妊産婦について、必要があると認めるときは、当該妊産婦に対し、助産の実施の申込みを勧奨しなければならない。	[3]　都道府県等は、第二十五条の二第三号又は第二十六条第一項第四号の規定による報告又は通知を受けた妊産婦について、必要があると認めるときは、当該妊産婦に対し、助産の実施の申込みを勧奨しなければならない。
[4]　（略）	[4]　（略）
第二十三条　（略）	第二十三条　（略）
[2]・[3]　（略）	[2]・[3]　（略）
[4]　都道府県等は、第二十五条の七第二項第三号、第二十五条の八第三号又は第二十六条第一項第四号の規定による報告又は通知を受けた保護者及び児童について、必要があると認めるときは、その保護者に対し、母子保護の実施の申込みを勧奨しなければならない。	[4]　都道府県等は、第二十五条の二第三号又は第二十六条第一項第四号の規定による報告又は通知を受けた保護者及び児童について、必要があると認めるときは、その保護者に対し、母子保護の実施の申込みを勧奨しなければならない。
[5]　（略）	[5]　（略）
第二十四条　（略）	第二十四条　（略）
[2]・[3]　（略）	[2]・[3]　（略）
[4]　市町村は、第二十五条の八第三号又は第二十六条第一項第四号の規定による報告又は通知を受けた児童について、必要があると認めるときは、その保護者に対し、保育の実施の申込みを勧奨しなければならない。	[4]　市町村は、第二十五条の二第三号又は第二十六条第一項第四号の規定による報告又は通知を受けた児童について、必要があると認めるときは、その保護者に対し、保育の実施の申込みを勧奨しなければならない。
[5]　（略）	[5]　（略）
第二十五条　要保護児童を発見した者は、これを市町村、都道府県の設置する福祉事務所若しくは児童相談所又は児童委員を介して市町村、都道府県の設置する福祉事務所若しくは児童相談所に通告しなければならない。ただし、罪を犯した満十四歳以上の児童については、この限りでない。この場合においては、これを家庭裁判所に通告しなければならない。	第二十五条　要保護児童を発見した者は、これを福祉事務所若しくは児童相談所又は児童委員を介して福祉事務所若しくは児童相談所に通告しなければならない。ただし、罪を犯した満十四歳以上の児童については、この限りでない。この場合においては、これを家庭裁判所に通告しなければならない。

◆児童福祉法の一部を改正する法律：新旧対照表

第二十五条の二　地方公共団体は、単独で又は共同して、要保護児童の適切な保護を図るため、関係機関、関係団体及び児童の福祉に関連する職務に従事する者その他の関係者（以下「関係機関等」という。）により構成される要保護児童対策地域協議会（以下「協議会」という。）を置くことができる。	
[2]　協議会は、要保護児童及びその保護者（以下「要保護児童等」という。）に関する情報その他要保護児童の適切な保護を図るために必要な情報の交換を行うとともに、要保護児童等に対する支援の内容に関する協議を行うものとする。	
[3]　地方公共団体の長は、協議会を設置したときは、厚生労働省令で定めるところにより、その旨を公示しなければならない。	
[4]　協議会を設置した地方公共団体の長は、協議会を構成する関係機関等のうちから、一に限り要保護児童対策調整機関を指定する。	
[5]　要保護児童対策調整機関は、協議会に関する事務を総括するとともに、要保護児童等に対する支援が適切に実施されるよう、要保護児童等に対する支援の実施状況を的確に把握し、必要に応じて、児童相談所その他の関係機関等との連絡調整を行うものとする。	
第二十五条の三　協議会は、前条第二項に規定する情報の交換及び協議を行うため必要があると認めるときは、関係機関等に対し、資料又は情報の提供、意見の開陳その他必要な協力を求めることができる。	
第二十五条の四　前二条に定めるもののほか、協議会の組織及び運営に関し必要な事項は、協議会が定める。	
第二十五条の五　次の各号に掲げる協議会を構成する関係機関等の区分に従い、当該各号に定める者は、正当な理由がなく、協議会の職務に関して知り得た秘密を漏らしてはならない。 ・一　国又は地方公共団体の機関　当該機関の職員又は職員であつた者 ・二　法人　当該法人の役員若しくは職員又はこれらの職にあつた者 ・三　前二号に掲げる者以外の者　協議会を構成する者又はその職にあつた者	
第二十五条の六　市町村、都道府県の設置する福祉事務所又は児童相談所は、第二十五条の規定による通告を受けた場合において必要があると認めるときは、速やかに、当該児童の状況の把握を行うものとする。	

第二十五条の七　市町村（次項に規定する町村を除く。）は、要保護児童等に対する支援の実施状況を的確に把握するものとし、第二十五条の規定による通告を受けた児童及び相談に応じた児童又はその保護者（以下「通告児童等」という。）について、必要があると認めたときは、次の各号のいずれかの措置を採らなければならない。 ・一　第二十七条の措置を要すると認める者並びに医学的、心理学的、教育学的、社会学的及び精神保健上の判定を要すると認める者は、これを児童相談所に送致すること。 ・二　通告児童等を当該市町村の設置する福祉事務所の知的障害者福祉法（昭和三十五年法律第三十七号）第九条第四項に規定する知的障害者福祉司（以下「知的障害者福祉司」という。）又は社会福祉主事に指導させること。	
[2]　福祉事務所を設置していない町村は、要保護児童等に対する支援の実施状況を的確に把握するものとし、通告児童等又は妊産婦について、必要があると認めたときは、次の各号のいずれかの措置を採らなければならない。 ・一　第二十七条の措置を要すると認める者並びに医学的、心理学的、教育学的、社会学的及び精神保健上の判定を要すると認める者は、これを児童相談所に送致すること。 ・二　次条第二号の措置が適当であると認める者は、これを当該町村の属する都道府県の設置する福祉事務所に送致すること。 ・三　助産の実施又は母子保護の実施が適当であると認める者は、これをそれぞれその実施に係る都道府県知事に報告すること。	
第二十五条の八　都道府県の設置する福祉事務所の長は、第二十五条の規定による通告又は前条第二項第二号若しくは次条第一項第三号の規定による送致を受けた児童及び相談に応じた児童、その保護者又は妊産婦について、必要があると認めたときは、次の各号のいずれかの措置を採らなければならない。	第二十五条の二　福祉事務所長は、前条の規定による通告又は次条第一項第三号の規定による送致を受けた児童及び相談に応じた児童、その保護者又は妊産婦について、必要があると認めたときは、次の各号のいずれかの措置を採らなければならない。
一　（略）	一　（略）
二　児童又はその保護者をその福祉事務所の知的障害者福祉司又は社会福祉主事に指導させること。	二　児童又はその保護者をその福祉事務所の知的障害者福祉法（昭和三十五年法律第三十七号）第九条第四項に規定する知的障害者福祉司（第二十七条第一項第二号において「知的障害者福祉司」という。）又は社会福祉主事に指導させること。
三・四　（略）	三・四　（略）
第二十六条　児童相談所長は、第二十五条の規定による通告を受けた児童、第二十五条の七第一項第一号若しくは第二項第一号、前条第一号又は少年法（昭和二十三年法律第百六十八号）第十八条第一項の規定による送致を受けた児童及び相談に応じた児童、その保護者又は妊産婦について、必要があると認めたときは、次の各号のいずれかの措置を採らなければならない。	第二十六条　児童相談所長は、第二十五条の規定による通告を受けた児童、前条第一号又は少年法（昭和二十三年法律第百六十八号）第十八条第一項の規定による送致を受けた児童及び相談に応じた児童、その保護者又は妊産婦について、必要があると認めたときは、次の各号のいずれかの措置を採らなければならない。
一・二　（略）	一・二　（略）

◆児童福祉法の一部を改正する法律：新旧対照表

三　第二十五条の七第一項第二号又は前条第二号の措置が適当であると認める者は、これを福祉事務所に送致すること。	三　前条第二号の措置が適当であると認める者は、これを福祉事務所に送致すること。
四・五　（略）	四・五　（略）
[2]　（略）	[2]　（略）
第二十八条　（略）	第二十八条　（略）
[2]　前項第一号及び第二号ただし書の規定による措置の期間は、当該措置を開始した日から二年を超えてはならない。ただし、当該措置に係る保護者に対する指導措置（第二十七条第一項第二号の措置をいう。以下この条において同じ。）の効果等に照らし、当該措置を継続しなければ保護者がその児童を虐待し、著しくその監護を怠り、その他著しく当該児童の福祉を害するおそれがあると認めるときは、都道府県は、家庭裁判所の承認を得て、当該期間を更新することができる。	
[3]　第一項及び前項の承認（以下「措置に関する承認」という。）は、家事審判法の適用に関しては、これを同法第九条第一項甲類に掲げる事項とみなす。	[2]　前項の承認は、家事審判法の適用に関しては、これを同法第九条第一項甲類に掲げる事項とみなす。
[4]　都道府県は、第二項の規定による更新に係る承認の申立てをした場合において、やむを得ない事情があるときは、当該措置の期間が満了した後も、当該申立てに対する審判が確定するまでの間、引き続き当該措置を採ることができる。ただし、当該申立てを却下する審判があつた場合は、当該審判の結果を考慮してもなお当該措置を採る必要があると認めるときに限る。	
[5]　家庭裁判所は、措置に関する承認の申立てがあつた場合は、都道府県に対し、期限を定めて、当該申立てに係る保護者に対する指導措置に関し報告及び意見を求め、又は当該申立てに係る児童及びその保護者に関する必要な資料の提出を求めることができる。	
[6]　家庭裁判所は、措置に関する承認の審判をする場合において、当該措置の終了後の家庭その他の環境の調整を行うため当該保護者に対し指導措置を採ることが相当であると認めるときは、当該保護者に対し、指導措置を採るべき旨を都道府県に勧告することができる。	
第三十条　（略）	第三十条　（略）
[2]　（略）	[2]　（略）
[3]　保護者は、経済的理由等により、児童をそのもとにおいて養育しがたいときは、市町村、都道府県の設置する福祉事務所、児童相談所、児童福祉司又は児童委員に相談しなければならない。	[3]　保護者は、経済的理由等により、児童をそのもとにおいて養育しがたいときは、児童相談所、福祉事務所、児童福祉司又は児童委員に相談しなければならない。
第三十三条の四　（略）	第三十三条の四　（略）
一　第二十一条の二十五、第二十五条の七第一項第二号、第二十五条の八第二号、第二十六条第一項第二号並びに第二十七条第一項第二号及び第七項の措置　当該措置に係る児童の保護者	一　第二十一条の二十五、第二十五条の二第二号、第二十六条第一項第二号並びに第二十七条第一項第二号及び第七項の措置　当該措置に係る児童の保護者
二～四　（略）	二～四　（略）

第三十三条の五　第二十一条の二十五、<u>第二十五条の七第一項第二号、第二十五条の八第二号</u>、第二十六条第一項第二号若しくは第二十七条第一項第二号若しくは第三号、第二項若しくは第七項の措置を解除する処分又は保育の実施等の解除については、行政手続法（平成五年法律第八十八号）第三章（第十二条及び第十四条を除く。）の規定は、適用しない。	第三十三条の五　第二十一条の二十五、<u>第二十五条の二第二号</u>、第二十六条第一項第二号若しくは第二十七条第一項第二号若しくは第三号、第二項若しくは第七項の措置を解除する処分又は保育の実施等の解除については、行政手続法（平成五年法律第八十八号）第三章（第十二条及び第十四条を除く。）の規定は、適用しない。
第三十三条の六　<u>児童又は児童以外の満二十歳に満たない者（次条及び第三十三条の八において「児童等」という。）</u>の親権者が、その親権を濫用し、又は著しく不行跡であるときは、民法第八百三十四条の規定による親権喪失の宣告の請求は、同条に定める者のほか、児童相談所長も、これを行うことができる。	第三十三条の六　児童の親権者が、その親権を濫用し、又は著しく不行跡であるときは、民法第八百三十四条の規定による親権喪失の宣告の請求は、同条に定める者のほか、児童相談所長も、これを行うことができる。
第三十三条の七　児童相談所長は、親権を行う者及び未成年後見人のない<u>児童等</u>について、その福祉のため必要があるときは、家庭裁判所に対し未成年後見人の選任を請求しなければならない。	第三十三条の七　児童相談所長は、親権を行う者及び未成年後見人のない<u>児童</u>について、その福祉のため必要があるときは、家庭裁判所に対し未成年後見人の選任を請求しなければならない。
第三十三条の八　<u>児童等の</u>未成年後見人に、不正な行為、著しい不行跡その他後見の任務に適しない事由があるときは、民法第八百四十六条の規定による未成年後見人の解任の請求は、同条に定める者のほか、児童相談所長も、これを行うことができる。	第三十三条の八　<u>児童の</u>未成年後見人に、不正な行為、著しい不行跡その他後見の任務に適しない事由があるときは、民法第八百四十六条の規定による未成年後見人の解任の請求は、同条に定める者のほか、児童相談所長も、これを行うことができる。
第五十条　（略）	第五十条　（略）
一～五　（略）	一～五　（略）
<u>五の二　第二十一条の九の二の事業の実施に要する費用</u>	
六～九　（略）	六～九　（略）
第五十三条　国庫は、前条に規定するもののほか、第五十条（第一号から第三号まで、<u>第五号の二及び第六号の二を除く。</u>）及び第五十一条（第一号の二、第二号、第四号、第五号及び第七号を除く。）に規定する地方公共団体の支弁する費用に対しては、政令の定めるところにより、その二分の一を負担する。	第五十三条　国庫は、前条に規定するもののほか、第五十条（第一号から第三号まで及び第六号の二を除く。）及び第五十一条（第一号の二、第二号、第四号、第五号及び第七号を除く。）に規定する地方公共団体の支弁する費用に対しては、政令の定めるところにより、その二分の一を負担する。
第五十三条の二　国庫は、<u>第五十条第五号の二の費用、第</u>五十一条第一号の二の費用（児童デイサービスに係る費用を除く。）及び同条第二号の費用（児童デイサービス及び第二十一条の二十五第二項の措置に係る費用を除く。）並びに第五十一条第五号の費用に対しては、政令の定めるところにより、その二分の一以内を補助することができる。	第五十三条の二　国庫は、第五十一条第一号の二の費用（児童デイサービスに係る費用を除く。）及び同条第二号の費用（児童デイサービス及び第二十一条の二十五第二項の措置に係る費用を除く。）並びに第五十一条第五号の費用に対しては、政令の定めるところにより、その二分の一以内を補助することができる。
第五十六条　（略）	第五十六条　（略）
[2]・[3]　（略）	[2]・[3]　（略）
<u>[4]　前項に規定する額の収納の事務については、収入の確保及び本人又はその扶養義務者の便益の増進に寄与すると認める場合に限り、政令で定めるところにより、私人に委託することができる。</u>	

⑤　育成医療の給付又は第二十一条の九の二に規定する医療の給付又は第二十一条の九の二に規定する医療の給付を行う場合においては、当該措置に要する費用を支弁すべき都道府県の知事は、本人又はその扶養義務者に対して、その負担能力に応じ、その費用の全部又は一部を指定育成医療機関又は同条に規定する医療の給付を行う医療機関（第七項において「指定育成医療機関等」という。）に支払うべき旨を命ずることができる。	④　育成医療の給付を行う場合においては、当該措置に要する費用を支弁すべき都道府県の知事は、本人又はその扶養義務者に対して、その負担能力に応じ、その費用の全部又は一部を指定育成医療機関に支払うべき旨を命ずることができる。
⑥	⑤　（略）
⑦　本人又はその扶養義務者が前二項の規定により支払うべき旨を命ぜられた額の全部又は一部を指定育成医療機関等又は業者に支払つたときは、当該指定育成医療機関等又は業者の都道府県又は市町村に対する当該費用に係る請求権は、その限度において消滅するものとする。	⑥　本人又はその扶養義務者が前二項の規定により支払うべき旨を命ぜられた額の全部又は一部を指定育成医療機関又は業者に支払つたときは、当該指定育成医療機関又は業者の都道府県又は市町村に対する当該費用に係る請求権は、その限度において消滅するものとする。
⑧　第五項又は第六項に規定する措置が行われた場合において、本人又はその扶養義務者が、これらの規定により支払うべき旨を命ぜられた額の全部又は一部を支払わなかつたため、都道府県又は市町村においてその費用を支弁したときは、都道府県知事又は市町村長は、本人又はその扶養義務者からその支払わなかつた額を徴収することができる。	⑦　第四項又は第五項に規定する措置が行われた場合において、本人又はその扶養義務者が、これらの規定により支払うべき旨を命ぜられた額の全部又は一部を支払わなかつたため、都道府県又は市町村においてその費用を支弁したときは、都道府県知事又は市町村長は、本人又はその扶養義務者からその支払わなかつた額を徴収することができる。
⑨　都道府県知事又は市町村長は、第一項の規定による負担能力の認定、第二項若しくは第三項の規定による費用の徴収又は第五項若しくは第六項の規定による費用の支払の命令に関し必要があると認めるときは、本人又はその扶養義務者の収入の状況につき、官公署に対し、必要な書類の閲覧又は資料の提供を求めることができる。	⑧　都道府県知事又は市町村長は、第一項の規定による負担能力の認定、第二項若しくは第三項の規定による費用の徴収又は第四項若しくは第五項の規定による費用の支払の命令に関し必要があると認めるときは、本人又はその扶養義務者の収入の状況につき、官公署に対し、必要な書類の閲覧又は資料の提供を求めることができる。
⑩　第一項から第三項まで又は第八項の規定による費用の徴収は、これを本人又はその扶養義務者の居住地又は財産所在地の都道府県又は市町村に嘱託することができる。	⑨　第一項から第三項まで又は第七項の規定による費用の徴収は、これを本人又はその扶養義務者の居住地又は財産所在地の都道府県又は市町村に嘱託することができる。
⑪　第一項から第三項まで又は第八項の規定により徴収される費用を、指定の期限内に納付しない者があるときは、第一項に規定する費用については国税の、第二項、第三項又は第八項に規定する費用については地方税の滞納処分の例により処分することができる。この場合における徴収金の先取特権の順位は、国税及び地方税に次ぐものとする。	⑩　第一項から第三項まで又は第七項の規定により徴収される費用を、指定の期限内に納付しない者があるときは、第一項に規定する費用については国税の、第二項、第三項又は第七項に規定する費用については地方税の滞納処分の例により処分することができる。この場合における徴収金の先取特権の順位は、国税及び地方税に次ぐものとする。
第五十九条の四　この法律中都道府県が処理することとされている事務で政令で定めるものは、地方自治法第二百五十二条の十九第一項の指定都市（以下「指定都市」という。）及び同法第二百五十二条の二十二第一項の中核市（以下「中核市」という。）並びに児童相談所を設置する市として政令で定める市（以下「児童相談所設置市」という。）においては、政令で定めるところにより、指定都市若しくは中核市又は児童相談所設置市（以下「指定都市等」という。）が処理するものとする。この場合においては、この法律中都道府県に関する規定は、指定都市等に関する規定として指定都市等に適用があるものとする。	第五十九条の四　この法律中都道府県が処理することとされている事務で政令で定めるものは、地方自治法第二百五十二条の十九第一項の指定都市（以下「指定都市」という。）及び同法第二百五十二条の二十二第一項の中核市（以下「中核市」という。）においては、政令の定めるところにより、指定都市又は中核市（以下「指定都市等」という。）が処理するものとする。この場合においては、この法律中都道府県に関する規定は、指定都市等に関する規定として指定都市等に適用があるものとする。
②　（略）	②　（略）

改　正　後	現　行
[3]　都道府県知事は、児童相談所設置市の長に対し、当該児童相談所の円滑な運営が確保されるように必要な勧告、助言又は援助をすることができる。	
[4]　この法律に定めるもののほか、児童相談所設置市に関し必要な事項は、政令で定める。	
第六十一条の三　第十八条の八第四項、第十八条の十二第一項、第二十一条の三十又は第二十五条の五の規定に違反した者は、一年以下の懲役又は五十万円以下の罰金に処する。	第六十一条の三　第十八条の八第四項、第十八条の十二第一項又は第二十一条の三十の規定に違反した者は、一年以下の懲役又は五十万円以下の罰金に処する。

少年法（昭和二十三年法律第百六十八号）（抄）

（傍線部分は改正部分）

（附則第六条関係）

改　正　後	現　行
（援助、協力）	（援助、協力）
第十六条　家庭裁判所は、調査及び観察のため、警察官、保護観察官、保護司、児童福祉司（児童福祉法第十二条の三第二項第四号に規定する児童福祉司をいう。第二十六条第一項において同じ。）又は児童委員に対して、必要な援助をさせることができる。	第十六条　家庭裁判所は、調査及び観察のため、警察官、保護観察官、保護司、児童福祉司（児童福祉法第十一条第一項に規定する児童福祉司をいう。第二十六条第一項において同じ。）又は児童委員に対して、必要な援助をさせることができる。
2　（略）	2　（略）

少年院法（昭和二十三年法律第百六十九号）（抄）

（傍線部分は改正部分）

（附則第六条関係）

改　正　後	現　行
第十三条　（略）	第十三条　（略）
2　少年院の長は、警察官、児童福祉法（昭和二十二年法律第百六十四号）第十二条の三第二項第四号に規定する児童福祉司その他の公務員に対し、必要な援助を求めることができる。	2　少年院の長は、警察官、児童福祉法（昭和二十二年法律第百六十四号）第十一条第一項に規定する児童福祉司その他の公務員に対し、必要な援助を求めることができる。
3・4　（略）	3・4　（略）

◆児童福祉法の一部を改正する法律：新旧対照表

地方税法（昭和二十五年法律第二百二十六号）（抄）

（傍線部分は改正部分）

（附則第七条関係）

改　　正　　後	現　　行
（道府県民税に関する用語の意義）	（道府県民税に関する用語の意義）
第二十三条　道府県民税について、次の各号に掲げる用語の意義は、それぞれ当該各号に定めるところによる。	第二十三条　道府県民税について、次の各号に掲げる用語の意義は、それぞれ当該各号に定めるところによる。
一～七　（略）	一～七　（略）
八　扶養親族　道府県民税の納税義務者の親族（その納税義務者の配偶者を除く。）並びに児童福祉法（昭和二十二年法律第百六十四号）第二十七条第一項第三号の規定により同法第六条の三に規定する里親に委託された児童及び老人福祉法（昭和三十八年法律第百三十三号）第十一条第一項第三号の規定により同号に規定する養護受託者に委託された老人でその納税義務者と生計を一にするもの（第三十二条第三項に規定する青色事業専従者に該当するもので同項に規定する給与の支払を受けるもの及び同条第四項に規定する事業専従者に該当するものを除く。）のうち、前年の合計所得金額が三十八万円以下である者をいう。	八　扶養親族　道府県民税の納税義務者の親族（その納税義務者の配偶者を除く。）並びに児童福祉法（昭和二十二年法律第百六十四号）第二十七条第一項第三号の規定により同号に規定する里親に委託された児童及び老人福祉法（昭和三十八年法律第百三十三号）第十一条第一項第三号の規定により同号に規定する養護受託者に委託された老人でその納税義務者と生計を一にするもの（第三十二条第三項に規定する青色事業専従者に該当するもので同項に規定する給与の支払を受けるもの及び同条第四項に規定する事業専従者に該当するものを除く。）のうち、前年の合計所得金額が三十八万円以下である者をいう。
九～十四　（略）	九～十四　（略）
2～4　（略）	2～4　（略）
（市町村民税に関する用語の意義）	（市町村民税に関する用語の意義）
第二百九十二条　市町村民税について、次の各号に掲げる用語の意義は、それぞれ当該各号に定めるところによる。	第二百九十二条　市町村民税について、次の各号に掲げる用語の意義は、それぞれ当該各号に定めるところによる。
一～七　（略）	一～七　（略）
八　扶養親族　市町村民税の納税義務者の親族（その納税義務者の配偶者を除く。）並びに児童福祉法第二十七条第一項第三号の規定により同法第六条の三に規定する里親に委託された児童及び老人福祉法第十一条第一項第三号の規定により同号に規定する養護受託者に委託された老人でその納税義務者と生計を一にするもの（第三百十三条第三項に規定する青色事業専従者に該当するもので同項に規定する給与の支払を受けるもの及び同条第四項に規定する事業専従者に該当するものを除く。）のうち、前年の合計所得金額が三十八万円以下である者をいう。	八　扶養親族　市町村民税の納税義務者の親族（その納税義務者の配偶者を除く。）並びに児童福祉法第二十七条第一項第三号の規定により同号に規定する里親に委託された児童及び老人福祉法第十一条第一項第三号の規定により同号に規定する養護受託者に委託された老人でその納税義務者と生計を一にするもの（第三百十三条第三項に規定する青色事業専従者に該当するもので同項に規定する給与の支払を受けるもの及び同条第四項に規定する事業専従者に該当するものを除く。）のうち、前年の合計所得金額が三十八万円以下である者をいう。
九～十三　（略）	九～十三　（略）
2～4　（略）	2～4　（略）

児童扶養手当法（昭和三十六年法律第二百三十八号）（抄）

（傍線部分は改正部分）

（附則第八条関係）

改　　正　　後	現　　行
（支給要件）	（支給要件）
第四条　（略）	第四条　（略）
2　前項の規定にかかわらず、手当は、児童が次の各号のいずれかに該当するときは、当該児童については、支給しない。	2　前項の規定にかかわらず、手当は、児童が次の各号のいずれかに該当するときは、当該児童については、支給しない。
一～四　（略）	一～四　（略）
五　児童福祉法（昭和二十二年法律第百六十四号）<u>第六条の三</u>に規定する里親に委託されているとき。	五　児童福祉法（昭和二十二年法律第百六十四号）<u>第二十七条第一項第三号</u>に規定する里親に委託されているとき。
六・七　（略）	六・七　（略）
3　（略）	3　（略）

所得税法（昭和四十年法律第三十三号）（抄）

（傍線部分は改正部分）

（附則第九条関係）

改　　正　　後	現　　行
（定義）	（定義）
第二条　この法律において、次の各号に掲げる用語の意義は、当該各号に定めるところによる。	第二条　この法律において、次の各号に掲げる用語の意義は、当該各号に定めるところによる。
一～三十三の二　（略）	一～三十三の二　（略）
三十四　扶養親族　居住者の親族（その居住者の配偶者を除く。）並びに児童福祉法（昭和二十二年法律第百六十四号）第二十七条第一項第三号（都道府県の採るべき措置）の規定により<u>同法第六条の三（定義）に規定する里親に委託された児童及び老人福祉法（昭和三十八年法律第百三十三号）第十一条第一項第三号（市町村の採るべき措置）の規定により同号に規定する養護受託者</u>に委託された老人でその居住者と生計を一にするもの（第五十七条第一項に規定する青色事業専従者に該当するもので同項に規定する給与の支払を受けるもの及び同条第三項に規定する事業専従者に該当するものを除く。）のうち、合計所得金額が三十八万円以下である者をいう。	三十四　扶養親族　居住者の親族（その居住者の配偶者を除く。）並びに児童福祉法（昭和二十二年法律第百六十四号）第二十七条第一項第三号（都道府県の採るべき措置）の規定により<u>同号に規定する里親</u>に委託された児童及び老人福祉法（昭和三十八年法律第百三十三号）第十一条第一項第三号（市町村の採るべき措置）の規定により同号に規定する養護受託者に委託された老人でその居住者と生計を一にするもの（第五十七条第一項に規定する青色事業専従者に該当するもので同項に規定する給与の支払を受けるもの及び同条第三項に規定する事業専従者に該当するものを除く。）のうち、合計所得金額が三十八万円以下である者をいう。
三十四の二～四十八　（略）	三十四の二～四十八　（略）
2・3　（略）	2・3　（略）

◆児童福祉法の一部を改正する法律：新旧対照表

児童虐待の防止等に関する法律（平成十二年法律第八十二号）（抄）

（傍線部分は改正部分）

（附則第十条関係）

改　　正　　後	現　　行
第七条　市町村、都道府県の設置する福祉事務所又は児童相談所が児童虐待を受けた児童に係る児童福祉法第二十五条の規定による通告を受けた場合においては、当該通告を受けた市町村、都道府県の設置する福祉事務所又は児童相談所の所長、所員その他の職員及び当該通告を仲介した児童委員は、その職務上知り得た事項であって当該通告をした者を特定させるものを漏らしてはならない。	第七条　児童相談所又は福祉事務所が児童虐待を受けた児童に係る児童福祉法第二十五条の規定による通告を受けた場合においては、当該通告を受けた児童相談所又は福祉事務所の所長、所員その他の職員及び当該通告を仲介した児童委員は、その職務上知り得た事項であって当該通告をした者を特定させるものを漏らしてはならない。
（通告又は送致を受けた場合の措置）	（通告又は送致を受けた場合の措置）
第八条　児童相談所が児童虐待を受けた児童について児童福祉法第二十五条の規定による通告又は同法第二十五条の七第一項第一号若しくは第二項第一号又は第二十五条の八第一号の規定による送致を受けたときは、児童相談所長は、速やかに、当該児童の安全の確認を行うよう努めるとともに、必要に応じ同法第三十三条第一項の規定による一時保護を行うものとする。	第八条　児童相談所が児童虐待を受けた児童について児童福祉法第二十五条の規定による通告又は同法第二十五条の二第一号の規定による送致を受けたときは、児童相談所長は、速やかに、当該児童の安全の確認を行うよう努めるとともに、必要に応じ同法第三十三条第一項の規定による一時保護を行うものとする。
（大都市等の特例）	（大都市等の特例）
第十六条　この法律中都道府県が処理することとされている事務で政令で定めるものは、地方自治法（昭和二十二年法律第六十七号）第二百五十二条の十九第一項の指定都市（以下「指定都市」という。）及び同法第二百五十二条の二十二第一項の中核市（以下「中核市」という。）並びに児童福祉法第五十九条の四第一項に規定する児童相談所設置市においては、政令で定めるところにより、指定都市若しくは中核市又は児童相談所設置市（以下「指定都市等」という。）が処理するものとする。この場合においては、この法律中都道府県に関する規定は、指定都市等に関する規定として指定都市等に適用があるものとする。	第十六条　この法律中都道府県が処理することとされている事務で政令で定めるものは、地方自治法（昭和二十二年法律第六十七号）第二百五十二条の十九第一項の指定都市（以下「指定都市」という。）及び同法第二百五十二条の二十二第一項の中核市（以下「中核市」という。）においては、政令で定めるところにより、指定都市又は中核市（以下「指定都市等」という。）が処理するものとする。この場合においては、この法律中都道府県に関する規定は、指定都市等に関する規定として指定都市等に適用があるものとする。

◆編著者紹介

＜監修＞

小宅　理沙（こやけ　りさ）
同志社女子大学

＜編集＞

中　典子（なか　のりこ）
中国学園大学

今井　慶宗（いまい　よしむね）
関西女子短期大学

＜執筆＞

松井　圭三（まつい　けいぞう） ……………………………………… 第1章
中国短期大学

彦坂　亮（ひこさか　あきら） ………………………………………… 第2章
日本福祉大学中央福祉専門学校

中　典子（なか　のりこ） ……………………………………… 第3章・第6章Ⅳ
中国学園大学

名定　慎也（なさだ　しんや） ……………………………………… 第4章Ⅰ、Ⅱ
中国短期大学

角田　みどり（すみだ　みどり） …………………………………… 第4章Ⅲ、Ⅳ
前・中国短期大学

小宅　理沙（こやけ　りさ） ……………… 序章・第5章・第6章Ⅰ～Ⅲ・第12章
同志社女子大学

中川　陽子（なかがわ　ようこ） ……………………………………… 第5章
大阪成蹊短期大学

福嶋　正人（ふくしま　まさと）………………………………………… 第 7 章
近畿大学

今井　慶宗（いまい　よしむね）………………………………………… 第 8 章
関西女子短期大学

槇尾　真佐枝（まきお　まさえ）…………………………………… 第 9 章・第 10 章
中国学園大学

梶原　隆之（かじはら　たかゆき）……………………………………… 第 11 章
文京学院大学

学籍番号 _____

氏　　名 _____

● 課題の題目

● あなたが取り組んだ課題についてまとめて下さい。

●課題に取り組んで、気づいたこと、感じたこと、勉強になったことについて述べて下さい。

学籍番号 _____

氏　　名 _____

● 課題の題目

● あなたが取り組んだ課題についてまとめて下さい。

●課題に取り組んで、気づいたこと、感じたこと、勉強になったことについて述べて下さい。

保育士・看護師・介護福祉士が学ぶ社会福祉

2019年9月15日　第1刷発行

監　修　小宅　理沙
編　著　中　典子　今井　慶宗
発行者　池上　淳
発行所　株式会社　現代図書
　　　　〒252-0333　神奈川県相模原市南区東大沼2-21-4
　　　　TEL　042-765-6462（代）　　FAX　042-701-8612
　　　　振替口座　00200-4-5262　　ISBN　978-4-434-26582-2
　　　　URL　http://www.gendaitosho.co.jp　E-mail　contactus_email@gendaitosho.co.jp
発売元　株式会社　星雲社
　　　　〒112-0005　東京都文京区水道1-3-30
　　　　TEL　03-3868-3275　　FAX　03-3868-6588
印刷・製本　株式会社丸井工文社

落丁・乱丁本はお取り替えいたします。　Printed in Japan
本書の内容の一部あるいは全部を無断で複写複製（コピー）することは
法律で認められた場合を除き、著作者および出版社の権利の侵害となります。

©Risa Koyake, Noriko Naka,Yoshimune Imai　2019